Geliebte Küchengärten

Christa Hasselhorst
Ursel Borstell

Geliebte Küchengärten

Eine Reise durchs Schlaraffenland

Ulmer

Vorwort

Eine Reise durch's Schlaraffenland – welch' eine Verheißung! Unsere Fahrten auf der Suche nach den schönsten Küchengärten führten uns von Sylt quer durch Deutschland über die Schweiz bis in die tiefste Steiermark. Immer wurden wir am Ziel reichlich belohnt, denn jeder Garten, gleich ob groß oder klein, privat oder öffentlich, war auf seine ganz typische Art schön, originell, kreativ, sinnlich und überraschend. Jeder anders und die Vorlieben seiner Besitzer offenbarend. Was alle Gärtnerinnen und Gärtner (und die gärtnernden Köche) einte: die Liebe, Hingabe und Leidenschaft, mit der sie säten, pflanzten und ernteten, um dann delikate Gerichte zu zaubern.

Viele wollen sich selbst versorgen und Gesundheit ernten (oder sie anderen weitergeben). Die Beispiele waren so überzeugend, die Freude, mit der alle von ihren kulinarischen Paradiesen berichteten, so ansteckend, dass mittlerweile ein „Dülmener Rosenapfel" in Ursels Garten wächst und ich ein Mini-Gemüse-Hochbeet in die Wiese gebaut habe, mittendrin eine Artischocke.

Auch Sie, liebe Leserinnen und Leser, möchten wir verführen mit den 25 Gärten, die wir für Sie (auf langen Reisen und alle Widrigkeiten der Witterung ignorierend) entdeckt haben. Dieses Buch soll Sie inspirieren, ermutigen und anspornen. Es zeigt, wie dekorativ Gemüse und Obst sein können und das die Natur eine grandiose, reichhaltige Speisekammer ist. Und wie virtuos sich selbst im kleinsten Gärtlein das Schöne und das Nützliche harmonisch vereinen lassen.

Unser ganz besonderer Dank gilt allen Gartenbesitzern, Vereinen und Institutionen, deren Gärten hier gezeigt werden. Alle haben uns herzlich empfangen, teils köstlich bewirtet und immer gerne und bereitwillig von ihren Erfahrungen erzählt – vom Glück der eigenen Ernte!

Inhalt

Obst und Gemüse mit Tradition

Diese Prachtexemplare von Kohl gedeihen im Küchengarten von Gravetye Manor in Sussex. Der Garten in Ellipsen-Form wird von einer schützenden Sandstein-Mauer umfasst. Gravetye Manor, einst Wohnsitz des Garten-Revolutionärs William Robinson, ist heute ein luxuriöses Hotel und die Ernte des Küchengartens verwöhnt die Gäste.

Wachsen in Ihrem Garten Guter Heinrich, Haferwurzel und Duwicker Möhre? Vielleicht Knollenziest, Erdmandel oder 'Tondo di Chioggia'? Nein? Aber die Pastinake, die kennen Sie doch?! Bis vor kurzem waren dies für die meisten Hobbygärtner völlig exotische Namen. Dabei handelt es sich um uralte Gemüsesorten, mit denen sich unsere Vorfahren über Jahrhunderte lang ernährten. Jetzt erleben die vergessenen Klassiker eine fulminante Renaissance als unvergessliche Gaumengenüsse, die kulinarischen Trouvaillen der Ess-Avantgarde feiern fröhlich Wiederkehr in den Gemüsebeeten der Hobbygärtner. Die meisten historischen Sorten gibt es in keinem Supermarkt, nur im eigenen Beet oder Kübel. Von der Schrebergärtnerin über junge Selbstversorger-Familien bis zum Gourmet-Koch – alle Schichten und Altersklassen entdecken plötzlich die alten Nahrungsmittel aus der guten Mutter Erde neu. Welch' kuriose Kapriolen doch die Gemüse-Moden im Laufe der Jahrhunderte durchlebt haben. Und so kommt auch der Bauern-, Küchen- oder Nutzgarten wieder zu längst verdienten neuen Ehren.

Es gibt ihn, seitdem der Mensch sesshaft wurde, sein Vieh auf eine Weide stellte und einen Zaun um sein Stückchen Land setzte. So definiert Marie Luise Gothein, Doyenne der Gartengeschichte, den Beginn aller Gartenkultur. Schon in den Gärten der alten Ägypter prangte eine Fülle von Gemüse. Seit seinen Anfängen hat der Nutzgarten eine bis heute fast unveränderte Grundform: regelmäßige Beete in Quadraten oder Rechtecken, von schmalen Wegen getrennt, mittig ein Brunnen oder rundes Beet. Ein entscheidender Impuls zur Weiterentwicklung geschieht im frühen Mittelalter durch die Klostergärten. Vorbild ist der berühmte Klosterplan St. Gallen aus dem 9. Jahrhundert. Er gilt als Ideal einer Klosteranlage. Dazu gehören auch die Gärten, die in vier Bereiche – Kreuzganggarten, Heilkräutergarten (Herbularius), Gemüsegarten (Hortus) und Baumgarten – aufgeteilt sind. Der Gemüsegarten ist dabei in 18 gleich große Flächen parzelliert, die sich zum Rechteck fügen. Dieser idealtypische Grundriss prägt über viele Jahrhunderte Klostergärten in ganz Europa.

Die im St. Gallener Plan aufgelisteten Pflanzen decken sich übrigens fast komplett mit der beinahe zeitgleich aufgestellten Landgüterverordnung „Capitulare de Villis“ (vermutlich um 812) von Kaiser Karl dem Großen. Sie ist eine berühmte Quelle für die Agrar- und Gartenbaugeschichte. In 70 Kapiteln werden detaillierte Regeln aufgestellt, im letzten Kapitel ist eine Liste mit 73 Nutzpflanzen und Heilkräutern sowie 16 Obst- und Fruchtgehölzen aufgeführt: unter anderem Madonnen-Lilie und Weinraute, Kichererbse und Estragon, Ringelblume und Muskateller-Salbei sowie Quitte und Walnuss.

Viele Blumen gelten als Heilpflanzen und/oder besitzen religiöse Symbolik, sie wachsen in den Klostergärten in eigenen Arealen. Der Abt Walahfrid Strabo besang 827 in seinem langen Gedicht „Hortulus“ Pflanzen und ihre Pflege in den Klostergärten auf der Insel Reichenau und beschrieb, wie er selbst „mit seinen Händen in der Erde wühlt, Unkraut rupft, sät, pflanzt“ und sich seines kleinen Gartens erfreute.

„Der Ort im Kloster, wo man Gott am nächsten ist,
ist nicht die Kirche, sondern der Garten.
Dort erfahren die Mönche ihr größtes Glück."

(Pachomius)

Es ist der wohl kunstvollste Küchengarten Europas: nach Vorbildern der Renaissance entstand 1906 der Garten des Schlosses Villandry nahe der Loire. Gemüse ist Bestandteil eines vielfarbigen geometrischen Mosaiks in strenger Geometrie. Verzehrt werden die Köstlichkeiten jedoch nicht, sie sind reine Zierde.

Ein Rokoko-Kleinod im Herzen Darmstadts ist der Prinz-Georg-Garten. Ein heiterer Lust- und Nutzgarten mit Rasenflächen, Blumenrabatten und großen Beeten mit Gemüse und Kräutern, Formschnitt-Hecken und Hochstamm-Bäumchen. Die Idylle ist hinter hohen Mauern verborgen.

Die Klöster sind zu jener Zeit maßgebliche Kulturträger und so gerät die Kultur ihrer Gärten in jene der Bauern. Der Bauerngarten – im Mittelalter von Minnesängern besungen – ist das Stückchen Land zur Ernährung des Kleinbauern, der prachtvolle Garten des Bauernadels und die Vorzeige-Pretiose der Patrizier in der Stadt. Parallel dazu entstehen die luxuriösen Küchengärten des Adels. Mit dem „Potager du Roi“ in Versailles wurden neue Maßstäbe gesetzt für ganz Europa. Chefgärtner Jean-Baptiste de la Quintinie schuf von 1678 bis 1683 im Auftrag des Sonnenkönigs, Ludwig XIV., in Sichtweite des Schlosses auf neun Hektar eine gigantische kulinarische Schatzkammer, die in Qualität und Quantität beispiellos war. Denn der König verlangte für seine Tafel fast ganzjährig exquisite Gaumengenüsse.

Die Sortenvielfalt und Komposition mit Mauern und kunstvollen Spalieren ist bis heute fast unverändert. Pariser Sterneköche lassen sich daraus beliefern, um königliches Gemüse und Obst in ihren Kochtöpfen zu schmoren: Köstliche Birnen wie ‘Duchesse D’angouleme’, die Birne war im 17. Jahrhundert mit 500 Bäumen die Königin im königlichen Küchenquartier. Rosenkohl und Blumenkohl, über die weißen Kohle, damals Novitäten, bemerkte La Quintinie: „Diese sind die Edelsten und Bedeutendsten, man muss ... die Samen aus der Levante kommen lassen“. Pflückfrische grüne Erbsen galten als – extrem teure – Gaumenfreude und waren sehr en vogue: „Die Prinzen wollen nur noch Erbsen essen“, klagte einst die Königin. Die überbordende Fülle des Küchengartens von Versailles wurde an vielen kleineren Höfen des europäischen Adels nachgeahmt (siehe Seite 166, Schloss Wildegg, Schweiz).

In Potsdam stellte Preußenkönig Friedrich der Große sein Lustschloss „Sanssouci“ gar auf einen verglasten terrassierten Berg mit Wein und Feigen, ließ Kirsch-Quartiere pflanzen und Treibereien für Ananas, Melonen und Erdbeeren errichten. Hinreißendes Beispiel eines exemplarischen Lust- und Nutzgartens im Geist des Rokoko ist der nach Originalplänen rekonstruierte Prinz-Georg-Garten in Darmstadt.

Verborgen hinter schützenden Mauern und Hecken ist es eine duftende, blühende Oase mitten in der Stadt mit Rasenflächen, Blumenrabatten, Fontänen, Formschnitt-Bäumen und Spalierobst. In großen Quadraten gedeihen Kohlköpfe, Möhren und Kohlrabi, Salate und Kräuter, die Ernte wird in der Gärtnerei verkauft. Auch der 1760 angelegte Küchengarten des Düsseldorfer Schloss Benrath wurde 2002 aus seinem Dornröschenschlaf geweckt und teils originalgetreu hergestellt. Auf 2.700 qm sprießen 40 verschiedene, Bioland-zertifizierte Gemüse, Kräuter und Salate (allerdings nicht alle historisch), gerahmt von Blumenrabatten mit Beerensträuchern.

Mit der zunehmenden Verdrängung der Landwirtschaft und verstärkter Industrialisierung entstehen ab etwa 1870 die ersten Schrebergärten – der Leipziger Arzt Moritz Schreber war übrigens nur der Namensgeber, gegründet wurde die Initiative von seinem Freund Ernst Innozenz Hauschild. Das kleine „Paradies mit Laube" war für tausende von Arbeiterfamilien in den Metropolen mit ihren dunklen engen Mietskasernen Wochenend-Zuflucht, Erholungs-Oase und vor allem Versorgungs-Station für frisches Gemüse und Obst.

Heute erleben die einst als spießig verschrienen Schrebergärten einen erfrischenden Generationswechsel, sind geradezu „hip". Junge Familien stehen in Berlin, Hamburg und Frankfurt Schlange, um eine Parzelle und ein Stück „Landlust" in oder am Rande der Großstadt zu ergattern. Übrigens sind die Laubenkolonien (eine Million in Deutschland) längst kein deutsches Phänomen mehr, es gibt sie in fast allen Ländern Europas.

„Hingegen macht es einen gar freundlichen Eindruck, wenn man in einem Garten … mit dem Nützlichen das Schöne verbunden sieht und der Sinn sich zugleich an der frischen Farbe und dem Wohlgeruch einer Blume erfrischen kann". Schrieb Henriette Davidis in ihrem 1871 erschienenen, bis heute so manchen praktischen Rat parat haltenden Kompendium „Der Küchen- und Blumen-Garten für Hausfrauen". Mit dieser Ansicht befand sie sich in bester Gesellschaft mit einem berühmten Gärtner, dem Dichter Johann Wolfgang von Goethe, der (mit Hilfe von Ehefrau Christiane Vulpius) in seinen Gärten in Weimar Teltower Rübchen, Artischocken, Spargel und Puffbohnen zog und sie mit Dahlien, Kaiserkronen und Levkojen nobilitierte.

„Das Nützliche und das Schöne verbinden" – dieses Credo bestimmte viele Jahrhunderte den Nutz, Gemüse- oder Küchengarten. Im 20. Jahrhundert kam nach dem 2. Weltkrieg vor allem in Deutschland der gravierende Wandel. Das „Wirtschaftswunder" veränderte die Essgewohnheiten, Gemüse-Eintöpfe, Steckrüben und Kohl galten als Arme-Leute-Gericht. Der Garten bekam reine Zier-Funktion, Gemüse brauchte man nicht mehr anzubauen, es gab ja alles im Supermarkt. Mit der Globalisierung flogen Südfrüchte und exotische Gemüse ein, Erdbeeren zur Weihnachtszeit, alles war jederzeit verfügbar (wenn man es sich leisten konnte). Gemüsegarten? Wie altmodisch! Momentaufnahme Sommer 2013 in einem Berliner Supermarkt: der junge Kassierer rollt ratlos einen Rotkohl in seinen Händen und fragt: „Können Sie mir bitte sagen, was das ist?"

Mit der Entwicklung des Schrebergartens ab 1870 bekamen vor allem die einfachen Menschen in den Großstädten die Chance auf frische Luft, Blumen und eigenes Gemüse und Obst. Das „Paradies mit Laube" war viele Jahrzehnte Zuflucht für alle, die sich kein Haus mit Garten leisten konnten.

Der Garten des Malers Max Liebermann am Berliner Wannsee: Im Nutzgarten zwischen Straße und Haus wird das Gemüse durch üppigen Blumenflor veredelt, eine Linden-Hochhecke bildet den grünen Rahmen. Sein Garten diente dem Künstler viele Jahre als Mal-Vorlage: „Hunderte Bilder könnte man hier malen ..."

„Der Mensch ist, was er isst"

(Ludwig Feuerbach)

Aber auch das: Ausgerechnet im hoch technisierten, globalisierten 21. Jahrhundert entdecken viele Menschen, und zwar rund um den Globus, Bauernblut in ihren Adern, das Glück der eigenen Ernte und die Wonne, mit den Händen in der Erde zu wühlen, zu säen, pflanzen, ernten. Sie stellen fest, das man sich aus seiner (oder gemieteter) Krume köstlich und gesund ernähren kann. Schwärmen vom delikaten Geschmack der uralten violetten Möhre 'Purple Haze', dem intensiven Aroma der alten Apfelsorte 'Kaiser Wilhelm' und der nussigen Frühkartoffel 'Roseval'. Regional, saisonal und selbst geerntet lautet die neue Zauberformel für Gartenbesitzer auf dem Land – und erst recht in der Stadt. Das Schlaraffenland liegt gleich vor oder hinter der eigenen Haustür und sogar auf dem Balkon.

Selbst Bundeskanzlerin Angela Merkel zieht in ihrem Datschen-Garten in der Uckermark Gemüse, Obst und Kräuter. Weltweit sorgte US-Präsidentengattin Michelle Obama für Aufsehen, als sie den sakrosankten Rasen vor dem Weißen Haus in Washington teilweise in Gemüsebeete umwandelte. Mehr als nur ein Gag, sondern eine beispielhafte Tat mit Signalwirkung. In England schätzt Queen Elisabeth Bio-Gemüse (teils aus deutschem Saatgut!) aus ihrem Küchengarten von Schloss Balmoral. Und, ‚Noblesse oblige', ihr Sohn, der Prince of Wales, wird mit den Produkten seines Bio-Vorzeige-Landgutes „Highgrove" längst nicht mehr belächelt, sondern respektvoll nachgeahmt.

Die neue Lust am eigenen Gemüse und Obst entsteht nicht mehr wie früher aus der Notwendigkeit, sich aus dem Garten ernähren zu müssen. Sie entspringt einer offensichtlich tief verwurzelten Freude am Säen und Ernten, gepaart mit wachsendem Unmut über sich häufende Lebensmittel-Skandale (man denke nur an verseuchte Sprossen und Erdbeeren aus China) und eine industrialisierte Nahrungsmittel-Produktion, die zur genormten Massenware verkommen und allein wegen der Transportwege alles andere als ökologisch ist. Wer seine Salate und Johannisbeeren selbst anbaut, ist autark. Er hat das, was er isst, unter Kontrolle.

„Der Mensch ist, was er isst", wusste schon der Philosoph und Hegel-Schüler Ludwig Feuerbach Mitte des 19. Jahrhunderts. Diese Erkenntnis wird für immer mehr Menschen zum Leitspruch ihrer Ernährung. Selbst angebaut ist sie notabene meist biologisch, kaum ein Hobbygärtner spritzt in seinem eigenen Eden. Das Prädikat „selbst angebaut" wird für viele Gärtner – ob Eigentümer oder Mieter – zum Gütesiegel und Ritterschlag. Gärtner, die ihre Gäste mit aromatischen, frischen Tomaten, Kartoffeln, Bohnen, Salaten und Beeren aus dem eigenen Garten bewirten, imponieren mehr als mit jedem Edel-Caterer.

Seine erste Blüte erlebte der Küchengarten des Herrenhauses von Chatsworth in Derbyshire im 19. Jahrhundert. Ab 1950 wurde die Tradition der gigantischen Speisekammer vom Besitzer, dem Herzog von Devonshire, wieder zu neuem nahrhaften Leben erweckt. Zur Erntezeit haben die Gärtner alle Hände voll zu schieben.

Links: So sehen öffentliche Nutzgärten im 21. Jahrhundert aus. Die „Prinzessinnengärten" in Berlin-Kreuzberg sind auf einer Brache angelegt und zeitlich begrenzt. Hier wird gemeinschaftlich improvisiert, kreativ recycelt und gezeigt, das Gemüse (fast) überall sprießt. Originell und praktisch: Tomaten in alten Reis-Säcken.

Rechts: Vordergründig nur ein schöner großer Garten. Doch im Schaugarten des Vereins „Arche Noah" in Schiltern (Österreich) werden historische und vor dem Aussterben bedrohte Sorten von Obst und Gemüse angebaut. Es geht um Saatgut und damit die Erhaltung der geschmacklichen Vielfalt.

Wem die Regeln des „Bundes-Kleingartengesetzes" zu strikt sind oder wer sich aus anderen Gründen nicht für einen Schrebergarten entscheidet, kann sich zeitweise ein Beet mieten. Die Netzwerke heißen „Meine Ernte" oder „Wir beeten für Sie", eine originelle Initiative in Brandenburg. Und dann ist da der Trend des „Urban gardening". Großstädter, die in der Stadt leben und trotzdem ihren Traum vom Garten und vom eigenen Gemüse verwirklichen wollen. Auf Dachgärten und Brachflächen mitten in den Metropolen von New York, Mexiko, Madrid und Berlin stehen Beerensträucher, Salatbeete und Tomaten. Beete werden zeitweise angelegt, es wird improvisiert und jenseits aller Gärtner-Konventionen sprießen Kartoffeln aus recycelten Kaffeesäcken, aus alten Milchtüten wachsen Kräuter.

Berühmtestes Beispiel ist der „Prinzessinen-Garten" im tiefsten Berliner Kiez, in Kreuzberg, temporäre Gärten auf einer Brachfläche. Ebenso auf dem Tempelhofer Feld: wo früher Flugzeuge landeten, treffen sich jetzt Gleichgesinnte zum gemeinsamen Gärtnern. Auch das ist eine spannende Entwicklung, weg vom kleinen eigenen eingezäunten Garten, hin zum gemeinsamen, multikulturellen, nachbarschaftlichen Experimentieren, Austauschen und Erntefest feiern. In der „Essbaren Stadt" Andernach können Bürger, wo früher Schmuddelecken und Brachen waren, öffentlich gepflanzte Beeren und Obst naschen. Die neuen gesellschaftlichen Strömungen der Genuss-Gartenkultur haben gerade erst begonnen! In unsere Gärten zieht neuer Reichtum durch Vielfalt ein, sie verwandeln sich in genussvolle Paradiese mit Überraschungs-Faktor, wenn alte Sorten wieder neue Wertschätzung finden.

Guten Appetit – denn schließlich will all die schöne Ernte in gesundes und köstliches Essen verwandelt werden.

BOSS

Zurück in die Zukunft neuer Gemüseküche

Er ist Sterne-Koch und Gärtner. Michael Hoffmann gilt als Pionier einer neuen, raffinierten Gemüse-Küche. Die Zutaten sprießen in zwei Pacht-Gärten vor den Toren Berlins. Dort greift Hoffmann zu Schaufel und Hacke, um sich hautnah zu immer neuen Gaumen-Lüsten inspirieren zu lassen.

„Sorten sind vom Aussterben bedroht, obwohl sie leicht anzubauen und sehr lecker sind!“

Knackige schmackhafte Gesundheit, die da verborgen in der Erde wurzelte. Linkes Foto von unten nach oben: Haferwurzel, Schwarzwurzel, diverse Möhren und Pastinaken.

Auch die Rote Rübe oder Rote Bete gehört zu Hoffmanns Favoriten. Sie muss gar nicht immer rund sein – sie kann auch länglich wie eine Möhre sein wie die 'Wiener lange Schwarze'.

Seine Kreationen, die in einem achtgängigen Menü nur mit Gemüse (!) gipfeln, „sind längst Legende“, lobte der Gault-Millau. Michael Hoffmann ist seit über einem Jahrzehnt der renommierteste Vorreiter einer nachhaltigen, aromenreichen Küche, die hauptsächlich auf Gemüse basiert. Er wurde 2010 zum „Koch des Jahres“ gekürt (Magazin „Feinschmecker“), der Gourmet-Experte der „Frankfurter Allgemeine Zeitung“ bescheinigte ihm, er sei „Minimalist von beträchtlichem Einfluss“ und präsentiere ein „hervorragend ausdifferenziertes Spektrum an Produkten, Zubereitungsarten und Aromenkombinationen“. Und Gastro-Kritiker-Papst Wolfram Siebeck lobte Hoffmanns Ein-Sterne-Tempel „Margaux“ als „Berlins avantgardistischstes Restaurant“.

„Ich bin nur ein einfacher Koch“, brummelt Hoffmann unter seinem Hut hervor, als wir durch eines seiner zwei gepachteten Gourmet-Paradiese stapfen. Es sind reine Nutzgärten, plattestes Brandenburger Land, alles andere als romantisch. Aber hier geht's nicht um Schönheit, sondern um Qualität und Geschmack vom Feinsten. Selbstredend wird für die Sterne-Küche biologisches Saatgut von Dreschflegel verwendet und alles biologisch angebaut. Hier gedeihen neben normalem Gemüse viele vergessene Klassiker und ungewöhnliche Raritäten. Hoffmann ist wie ein Trüffelschwein immer auf der Suche nach neuen Aromen, Arrangements, Attraktionen für den Gaumen – und entdeckt das Neue öfters im Alten. An einem Zaun rankt der aus Indien stammende Malabarspinat (*Basella alba*), Triebe und dickfleischige Blätter der attraktiven Kletterpflanze dünstet Hoff-

Bei Michael Hoffmann sind die Speisen höchst raffiniert verfeinert, aber die einzelne Zutat bleibt stets erkennbar. Der Spargelsalat mit Fetter Henne und Walderdbeeren ist auch optisch ein Genuss. Als passionierter Verfechter von Vielfalt wachsen in seinem Küchengarten viele unterschiedliche Sorten von Paprika und Chili.

MICHAEL HOFFMANNS SPEZIALITÄT

Grüner Spargel & Fette Henne

8 Stangen grüner Spargel
12 hauchdünne Scheiben Kohlrabi
12 Spitzen Fette Henne
8 junge Blätter vom Kohlrabi
8 junge Blätter Beinwell
16 „Monatserdbeere Rügen“ oder Walderdbeeren
1 EL getrocknete pulverisierte Erdbeeren
Meersalz, Oliven- und Traubenkernöl

FÜR DEN SUD:

100 g getrocknete Pilze (Morcheln, Steinpilze, Maronen)
4 geschälte Schalotten
¼ Knollensellerie
etwa 750 ml Wasser

- Erdbeeren mit wenigen Spritzern Traubenkernöl marinieren.
- Für den Sud Schalotten fein, den Sellerie ungeschält mit Grün grob schneiden. Alles mit den getrockneten Pilzen in Topf geben, mit Salzwasser bedecken, einmal aufkochen. Sud bei kleiner Hitze um die Hälfte reduzieren. Durch ein feines Sieb gießen, erneut um die Hälfte reduzieren. Mit Meersalz abschmecken.
- Spargel unten schälen, Fette Henne, Kohlrabiblätter, Beinwell putzen und waschen.
- Spargel in flachem Topf mit wenig Salzwasser bissfest garen. Fette Henne, Kohlrabiblätter und -scheiben sowie Beinwell mit einer Tasse Wasser und Schuss Olivenöl kurz in Pfanne bissfest garen.
- Alles auf einem Teller schön anrichten, Erdbeeren darüber legen, mit ein paar Löffeln von dem Sud begießen und mit Erdbeerpulver bestreuen.

Das Rezept reicht für 4 Personen.

mann kurz an. Daneben wachsen der filigrane, olivengroße Hörnchen-Kürbis (*Cyclanthera pedata*) und dekorativer Erdbeermais mit kleinen roten Kolben. Im Beet gegenüber reckt die Kardone (*Cynara cardunculus)* ihre attraktive violette, der Artischocke ähnelnde Blüte gen Himmel. Ein prachtvolles Wintergemüse: „Ich liebe sie", sagt der besessene Koch und Gärtner, „schmeckt so schön erdig!". Im märkischen Sandboden gedeihen auch Teltower Rübchen, Schwarzwurzel und die ihr verwandte Haferwurzel (*Tragopogon porrifolius*), uraltes Wurzelgemüse, das der Magier in seiner Küche auf's Feinste veredelt.

Die Wende kam bei ihm mit Rinderwahn, BSE-Krise und Gammelfleisch. Der Eckhardt-Witzigmann-Schüler kehrte zurück zu den Wurzeln, konzentrierte sich auf Kräuter und Gemüse. Fleisch spielte, auch aus ethischen Gründen, bald eine Statistenrolle. Sein Motto: „Gemüse ist das neue Fleisch". Dabei hasst der Koch-Künstler den Begriff vegetarisch, „das ist so negativ besetzt!" Was der 47-Jährige aus Rote Bete, Möhren, Mangold, Rosenkohl, Zwiebellauch oder Topinambur zaubert, hat mit den üblichen vegetarischen Gerichten nichts am Hut.

Ein Sterne-Koch, der auch tatkräftig zupacken kann: „Ich brauche das In-der-Erde-wühlen als Inspiration für neue Gerichte". Auf seinem Acker in Brandenburg gedeihen viele alte Gemüse. Hier gräbt er gerade die Haferwurzel aus, eine seiner Favoritinnen.

Hoffmann bearbeitet seine Ernte-Schätze, kocht, frittiert, brät, grillt, dünstet, mariniert und schmort sie, experimentiert und improvisiert, aber nie, um zu verfremden, sondern stets, um noch mehr intensiven Eigengeschmack herauszukitzeln. Er nobilitiert die uralte, kreiselförmige, süße Duwicker Möhre zur raffiniert mundenden Delikatesse. Erntet die ersten Knospen der Fetten Henne und serviert sie, Schock für alle Liebhaber dieser Blume, als Gemüse, „eine Delikatesse!" schwärmt der Spitzengastronom.

Wenn daher selbst eingefleischte Fleischesser, überwiegend Männer, ihm Dankesbriefe schreiben, weil sie geschmackliche Glücksmomente mit einer wochenlang in Gewürzsud marinierten Aubergine hatten – „die Konsistenz ist wie ein Steak!" grinst Hoffmann – ist das die überzeugendste Werbung. Mit den diskusförmigen weißen Kürbissen 'Patisson' (UFO) „kann man tolle Sachen machen, zum Beispiel in Olivenöl grillen!" Die harte Gartenarbeit liebt er: „Hier, meine Nägel sind schwarz, ich will es selbst erfahren und erleben, aus dem direkten In-der-Erde-wühlen ziehe ich ganz andere Inspirationen!".

Ab Februar 2014 ist das „Margaux" Legende, Michael Hoffmann und seine Frau Kathrin brechen auf zu neuen kulinarischen Ufern, irgendwo demnächst in Berlin. „Es ist Zeit für Veränderung", sagt der König der Gemüseküche. Und sein Garten? „Der bleibt!"

Gartendaten

Gourmet-Garten

Lage: Brandenburg, nordwestlich von Berlin

Gartenbesitzer: gepachtet von Bauern in Brandenburg

Grösse: 2000 und 4000 qm

Seit: 2010

Planung: Struktur vorhanden

Zur kunstvollen lebenden Installation entwickelt sich der Malabar-Spinat. Die attraktive Kletterpflanze braucht eine Rankhilfe, ihre dickfleischigen Blätter munden wie knackiger Spinat.

Vom Küchengarten kommen die Zutaten pflückfrisch in Berlin auf den Tisch (von links nach rechts): Schnittknoblauch, Blätter von Sedum und filigraner Fenchel.

So schön sprießt die Gesundheit

Schrebergärten sind längst nicht mehr spießig. Ein junges Paar hat seine Parzelle in Berlin-Pankow in ein beispielhaftes Paradies verwandelt. Und genießt von Frühjahr bis Herbst gesundes selbstgezogenes Gemüse und Obst.

Der Mensch ist, was er isst! Diesen Satz kann Katrin Klingberg nur bestätigen. Jahrelang kämpfte sie mit Allergien, beschäftigte sich daher zwangsläufig mit der Ernährung. Und beschloss, diese zu ändern, als der eigene Garten kam. „Da weiß ich, was am Gemüse und Obst dran ist, ich habe es unter Kontrolle“, begründet sie, „man schmeckt die Frische, das tolle Aroma, viel besser als bei den meisten gekauften Lebensmitteln“. Der Reichtum, den sie täglich erntet, inspiriert die enthusiastische Köchin ständig zu neuen Gerichten und Rezepten. „Ein tolles Gefühl: Mit dem Korb durch den Garten streifen, ernten und daraus etwas Leckeres zaubern“. Die kulinarische Auswahl ist reich: neben vielen Beeren und Obst verlocken Zucchini, Kohlrabi, Rettiche, ein komplettes Zwiebelbeet, Buschbohnen, Pflücksalate, Stangenbohnen, Rote Bete, Sellerie, jede Menge Kräuter und alte Kartoffel-Sorten. Allergien gehören übrigens längst der Vergangenheit an.

Als Kind hasste Katrin Klingberg Gartenarbeit, heute weiß sie alles über Fruchtfolgen und gute und schlechte Partner im Beet, „dank dem Buch von Schwester Christa aus Fulda“ (siehe Seite 96) erklärt die inzwischen passionierte Gärtnerin. Vor sechs Jahren pachteten sie und Ehepartner Stefan Jäckel den Schrebergarten. Von den Vormietern übernahmen sie Laube, Obststräucher und als kostbarstes Erbe einige uralte Apfelbäume. Die Kleingarten-

Stefan Jäckel schöpft Regenwasser aus einem ehemaligen Eichen-Weinfass, „hier gibt's kein Plastik!“

Von skandinavischer Heiterkeit ist die renovierte holzverschalte Laube. Die Beete sind klassisch mit Buchsbaum gerahmt.

Gartendaten

SCHREBERGARTEN
LAGE: Kleingartenanlage „Gartenfreunde Nordend", Berlin-Pankow
GARTENBESITZER: Katrin Klingberg und Stefan Jäckel
GRÖSSE: 760 qm
BAUJAHR: Ursprung der Kleingartenanlage 1919, neue Pächter seit 2008
PLANUNG: Katrin Klingberg und Stefan Jäckel
BESONDERHEITEN: Parzelle inmitten von 120 Kleingärten

Ihr „Paradies mit Laube" haben Kathrin Klingberg und Ehemann Stefan Jäckel neu gestaltet, freuen sich aber über vorhandene alte Gehölze und Obstbäume. Unter ihrem lichten Schatten genießen sie die Kaffeetafel doppelt.

Formale Beete in typischer Manier eines Bauerngartens umrahmen auf zwei Seiten die Laube. Das große Quadrat öffnet sich in der Mitte zu einem Kreis, gekrönt von einem rosenumrankten Pavillon.

So ästhetisch kann ein Salatbeet aussehen: „Pflücksalate pflanze ich nach Geschmack, aber auch nach Optik", verrät Kathrin Klingberg, „und man kann einzelne Blätter ernten, ohne das Gesamtbild zu zerstören."

Anlage „Gartenfreunde Nordend", 1919 gegründet, hat 120 Parzellen. Heiß begehrte Paradiese, derzeit ist keines frei, Warteliste! Der Garten Klingberg-Jäckel erfüllt die Vorschriften (ein Drittel der Fläche muss für Gemüseanbau genutzt werden) auf sehr ästhetische Weise und vielfältige Blumen, vor allem Katrins Favoriten Iris und Pfingstrose, veredeln die Idylle. „Bei der Jahres-Kontrolle war der Vorstand zufrieden", sagt Jäckel. Kein Wunder, schließlich ist er gelernter Gärtner und Landschaftsarchitekt.

Die Grundkonzeption: rund um die Laube streng geometrische Gartenräume, durch Hecken aus Blut-Buche und Liguster optisch getrennt, aber durch ein Wegenetz verbunden. Heimische Pflanzen ersetzten Fichten und Thujen. „Hier ist auch nichts aus Plastik", alte und gebrauchte Natur-Materialien werden recycelt. Das gibt dem Garten rustikale authentische Patina. Selbst die Regentonne ist ein altes Eichenfass. Weil Gesundheit oberste Priorität hat, wird alles biologisch angebaut, reichlich kompostiert und gemulcht. Katrin Klingberg rupft beim Gang durch die Beete im Vorbeigehen lässig Pflanzen, die geschosst, verblüht oder nicht gut genug für die Küche sind, legt sie um als schützende Mulchschicht. „Wir bringen nichts weg, alles kommt in den Kreislauf natürlicher Wiederverwertung – wie bei Prinz Charles in Highgrove", lachen beide vergnügt.

Hier landet alles auf dem Teller

Mit ihrem essbaren Gourmet-Garten verwirklichten die Besitzer des Hotels „Haferland“ auf dem Darß einen Traum. Sie beweisen, dass ein Garten schön und nützlich zugleich sein kann. Und der Chefkoch sieht sich als Dirigent, für den Kochen „Jazz“ ist.

Kochen können alleine reicht für die Restaurants im Hotel Haferland nicht. Lars Janke, Chef am Herd, ist auch eingeweiht in die Welt der Pflanzen und kennt alle Finessen für ihre kulinarische Verwendung.

Die Blätter der Amethystie (Amethystea caerulea), *eines einjährigen Gewürzkrautes, besitzen nussiges, steinpilzähnliches Aroma (oben). Moschusmalvenblüten hübschen jeden Teller auf (Mitte). Die aus Kleinasien eingewanderte Gartenkresse (unten) ist ein Klassiker.*

Die wilde Opulenz dieses farbenfrohen, wogenden Blütenmeeres ist überwältigend. „Einfach traumhaft", rufen viele Hotelgäste bewundernd beim Gang durch den Gourmet-Garten aus. Augenweiden wie Taglilie, Glockenblume, Duftrose, Lichtnelke, Indianernessel und Herbst-Aster entdecken sie später im vegetarischen Restaurant „Bajazzo" auf dem Teller wieder. Denn die blühende Pracht hinter dem Hotel entpuppt sich als kulinarischer, komplett essbarer Fundus voller Überraschungen. Blüten, Früchte, Blätter, Stängel, Knospen, Wurzeln – alles wandert bei Chefkoch Lars Janke in Töpfe und Schüsseln. Der 31-jährige Berliner (mit ebensolchem Witz) ist ungemein innovativ und experimentierfreudig. Über 70 verschiedene Stauden im Gourmet-Garten, rund 60 im Wald- und Obstgarten, dazu ein von Buchsbaum gerahmter Kräutergarten, Wildkräuter und Stauden auf der Magerwiese sowie über 100 „küchentaugliche" Gehölzarten, das alles fordert seine Fantasie ständig neu heraus.

0,25 l

Holunder ist für Martina Evers ein vielseitiger Schatz der Natur: Aus hauchzarten frischen Blütendolden macht sie delikates Öl, das die Gäste zu selbstgebackenem Brot kredenzt bekommen. Obendrein gibt es Holunder-Essig und -Sirup, die Blüten wandern in Sekt und Quittengelee oder werden als Dessert zu knusprigen Küchlein.

„Es geht um das harmonische Zusammenspiel verschiedener Elemente aus einer Pflanze."

Ein Spaziergang mit ihm durch den Gourmet-Garten ist eine unterhaltsame Lehrstunde: „Junge Blätter von Frauenmantel, die feinen Sprossen der Taglilien, wie Waldmeister duftendes Ruchgras – alles Delikatessen!". Borretsch-Blätter schwitzt er an, „damit das Stachelige weggeht", danach werden sie püriert und geben einer Gurkensuppe den aromatischen Pep. Man merkt schnell: der Mann ist Botaniker, Kräuterhexer, Aromen-Experte, Würz-Magier.

Viele der Blüten – die als dekorative Sträuße die Gasträume schmücken – sind zum Verzehr geeignet: Taglilie, Storchschnabel, Stockrose, Kapuzinerkresse, Moschus- und Rosenmalve, Staudenphlox. Wir kommen an einem Hochbeet mit Duftveilchen vorbei. Daraus zaubert Janke das erste Frühlings-Sorbet: „Eine blaue Kugel, pur, ohne Chichi – köstlich!" Für würzige Gerüche hat der „grüne Koch" ein besonderes Näschen, hegt allein zwölf Minz-Sorten: „Die Englische besitzt besonders viel ‚Bumms'", verrät er.

Auch gelbe Blüten von Topinambur leuchten heraus: „Früher hatte sie jeder, schön, dass sie heute wieder gefragt ist". Er raspelt die rohen Wurzeln hauchdünn als Carpaccio. Römischer Ampfer wird zu Suppe, „supersauer", warnt er lachend, „aber sehr gesund". Seinen Kochstil charakterisiert Janke als „modernen Jazz", „es geht um das harmonische Spiel verschiedener Elemente aus einer Pflanze, um Akkorde, Intermezzi". Der Koch als Dirigent, der Gerichte aus Altbekanntem neu komponiert: Rote Bete, Kirschen und Meerrettich, Rosenkohl, Ingwer und Orangen. Seine Salate sind – gegen den Trend – Sinfonien in

Gartendaten

Gourmet-Garten
Lage: Hotel Haferland, Wieck a. Darß, Mecklenburg-Vorpommern
Besitzer: Bernd und Martina Evers
Grösse: 2 ha
Baujahr: Hotel seit 1994, Garten seit 2007
Planung: Burkhard Kayser, Minden
Besonderheit: Gourmetgarten, Gesundheitsscheune, vegetarisches Restaurant

Versteckt hinter hohen Blütenkerzen auf der Magerwiese liegt das Backhaus, überall locken lauschige Ruheplätze zum Entspannen. Die Gäste dürfen naschen oder nehmen eingemachte Früchte als gesundes Souvenir mit.

Grün: „Ick bin so'n Ton-in-Ton-Typ, nich' für die bunte Blütenküche", bekennt er. Er mixt nussige Baldrian-Blätter mit jungem Giersch, Fetter Henne, Melde, Gundermann und Süßdolde. Schoko-Kuchen kontrastiert er mit Estragon-Eis, köstliche Geschmacks-Überraschung!

Jankes Credo ist „Poesie und Präzision", er adelt Grünes und Gemüse von der Beilage zum Hauptgericht. Das passt perfekt zum Konzept der Hotelbesitzer Martina und Bernd Evers. Die wollten aus leidenschaftlicher Überzeugung ein vegetarisches Restaurant und einen Garten, wo dafür aus dem Vollen geschöpft werden kann. Daher wurde

Lars Jankes Spezialität

Kartoffel-Eigelb-Raviolo

Nudelteig:
200 g Mehl
2 Eier
2 EL Olivenöl
etwas Salz

Füllung:
500 g in der Schale weich gekochte, mehlige Kartoffeln
2 kleine Gemüsezwiebeln
2 Scheiben Weizenbuttertoast
1 kleine Stange Lauch
1 EL Schmand
2 EL klein geschnittener Schnittlauch

- Zutaten zu einem glatten Teig kneten. Mit Klarsichtfolie einschlagen, 20 Min. bei Zimmertemperatur ruhen lassen.
- Für die Füllung Zwiebeln und Lauch in Butterschmalz farblos anschwitzen, weich schmoren. Aus dem Toast kleine Croutons schneiden, mit Butter hellbraun anschwitzen.
- Kartoffeln pressen, mit restlichen Zutaten vermengen, mit Salz und Pfeffer abschmecken.
- Teig mit Nudelmaschine dünn ausrollen. 8 cm große Kreise ausstechen. Füllung in Kreismitte setzen, mit einem Ei Mulde hinein drücken. Eigelb in die Mulde setzen, Rand mit verschlagenem Eiweiß bepinseln. Zweiten Teigkreis darauf setzen, Ränder andrücken. In Salzwasser 4 Min. kochen.

Das Rezept reicht für 4 Personen.

er unter Permakultur-Aspekten angelegt und ist seit 2009 von BIOLAND zertifiziert. Die Gesundheit geht bei allen Produkten durch den Magen, besonders mit köstlichen Marmeladen, Ölen, Likören und Tees. Dies ist die Domäne von Martina Evers. Sie zaubert gemeinsam mit ihrer Frühstücks-Köchin delikate Konfitüren aus den Früchten von Eberesche, Echter Mispel und Apfelbeere (*Aronie*). „Wir geben unseren Gästen den Garten als Wellness-Oase für alle Sinne", sagt Bernd Evers, im ‚Nebenberuf' Bürgermeister von Wieck. Begeisterte Stammgäste sind der beste Beweis. Und wenn der Koch ein Musiker ist, ist dieser Garten eine Hymne an sinnliche Lebensfreude.

Grüne Keimzelle für Kreativität

Eine Mecklenburger Journalistin verwandelte mit ihrem Mann eine alte Büdnerei in ein naturnahes Refugium mit Mehrwert: Im Sommer werden Gäste im Sonntags-Café mit Köstlichkeiten aus dem Garten verwöhnt.

Sie geht zwischen den Beeten, bückt sich hier, zupft da und man spürt ihren Stolz auf alles, was hier sprießt. „Ein Garten ist ein permanenter Prozess von Kreativität und Entscheidung", bringt es Beate Schöttke-Penke auf den Punkt, „man setzt sich mit etwas Schöpferischem und Ästhetischem auseinander". Seit ihrem Einzug 1994 in die sanierte Büdnerei von 1868 haben sie und ihr Mann Dietmar aus den umgebenden 5.000 Quadratmetern Land ein Idyll mit praktischem Nutzwert geschaffen. Es liegt versteckt hinter Haus und hohen Büschen, von der Dorfstraße aus kaum einsehbar. „Kein gestylter Prestige-Garten", betont die Gärtnerin, „sondern ein ländliches, möglichst naturbelassenes Refugium." Schön und nützlich, Blumen und Gemüse – manche Bohnensorten wurden auch gepflanzt, „weil die Blüten ein schönes Bild geben!". Und wenn der Borretsch in großen himmelblauen Blütenwolken durch den Garten wabert verwebt sich alles zu einer flirrend-romantischen Impression.

Zu anmutigen kleinen Kunstwerken biegen sich Knoblauchzwiebeln, bevor sich ihre Blüten öffnen.

Die Laufenten sind putzmunter, herzig anzuschauen und gehen ununterbrochen zuverlässig auf Delikatessen-Jagd: Schnecken.

Der Küchengarten direkt links vom Haus ist betont formal angelegt und in vier, mit Holzrahmen gestützte Rechtecke geteilt. Er ist vor allem das Revier ihres Mannes, des Salat-Genießers. Über ein Dutzend Sorten sprießen in einer geschützten Ecke zwischen Gewächshaus und Sichtschutzwand. Neben 'Neuseeländer Spinat' – „der hat fleischigere Blätter als der Übliche" – vor allem schnell wachsende Asia-Salate wie 'Red Grant', 'Pak Choi', 'Mizuna' oder 'Green in Snow', „die schmecken alle herzhaft-pfeffrig und eignen sich zum Braten im Wok", so der Diplom-Ingenieur und Hobby-Gärtner, der auch gern am Herd steht. „Ich backe und kümmere mich um die Stauden", sagt seine Frau, doch man gewinnt den Eindruck, dass die Arbeitsteilung nicht so streng ist.

Gartendaten

LANDHAUSGARTEN

LAGE: Gartencafé Sonntagsgrün, Drispeth, Mecklenburg-Vorpommern
BESITZER: Beate Schöttke-Penke und Dietmar Schöttke
GRÖSSE: 5000 qm
BAUJAHR: ab 1994
PLANUNG: die Besitzer
BESONDERHEITEN: Privatgarten, der im Sommer an Wochenenden als Café, für Vorträge und Lesungen sowie im Rahmen „Offene Gärten Mecklenburg-Vorpommern" geöffnet ist.

„Ein Garten ist das Glück, genießen und lernen zu können", sagt die passionierte Hobby-Gärtnerin Beate Schöttke-Penke. Hinterm Salatbeet steht sie stolz mit frischer Roter Bete neben den hohen Blütendolden des Dill.

Das alte Fachwerk-Ziegelhaus ist dekorative Kulisse für den rustikalen Nutzgarten. Darin setzen selbst ausgesäte Blumen hübsche Farbtupfer und das Blau der Borretsch-Blüten harmoniert perfekt mit dem der Holzläden.

Das Gewächshaus ist in zwei Zonen unterteilt – eine trocken und nicht zu warm für Tomaten, eine wärmer und feuchter für die Schlangengurken. Alles gedeiht hier prächtig – wie im Schlaraffenland.

Wichtig sind den Eltern von zwei Söhnen frische Beeren wie Jockelbeeren, Sommer- und Herbst-Himbeeren, Brombeeren, Heidelbeeren, Stachel- und Apfelbeeren. Weitere Vitaminspender gedeihen auf der weitläufigen Streuobstwiese – vor allem alte Apfelsorten wie 'Boskoop', 'Cox', 'Holsteiner', 'Purpurroter Cosinot', 'Finkenwerder Herbstprinz', obendrein Kirschen und Birnen. Die Ernte ist nicht nur für den Eigengebrauch, im Sommer öffnet das Ehepaar sonntags sein Café „Sonntagsgrün". Längst ist es kein Geheimtipp mehr, intime Sitzplätze zwischen Stauden und unter Obstbäumen locken die Gäste, die mit selbstgebackenem Kuchen und Speisen pflückfrisch aus dem Beet verwöhnt werden. „Wir fänden es langweilig, dies alles für uns alleine zu haben", bekennt Beate Schöttke-Penke. In der renovierten Fachwerk-Scheune gibt es Vorträge und Lesungen rund um das Thema Garten. „Dabei entstehen viele gute Gespräche und ein inspirierender Austausch, eine große Bereicherung", sagen beide einmütig.

Den Begriff Gartenarbeit interpretiert die tatkräftige Journalistin, Buchautorin und seit 2006 Initiatorin der „Offenen Gartenpforte" in ihrem heimatlichen Bundesland so: „Ein junger Mann bot mir mal an, Gartenarbeit für mich zu machen, das habe ich empört abgelehnt. Ich habe es mir hart erarbeitet, um in meinem Garten selbst arbeiten zu können, das ist nämlich sehr lustvoll!" Als einzige „Helfer" akzeptiert sie vier Laufenten, die emsig alle Schnecken verputzen. „Nur haben sie jetzt leider entdeckt, dass ihnen auch Erdbeeren schmecken", lacht die Gärtnerin und nimmt's gelassen.

Das größte Glück: Selbstversorger sein

Früher Großstädter, heute Landeier: In ihrer zweiten Lebenshälfte beackern Maren und Herbert Riege ein großes Stück Land in einem winzigen Dorf weitab der Städte. Ihr Wunsch nach einem gesunden und autarken Leben als Bauern hat sich erfüllt.

Das Prädikat „Paradies" ist nicht übertrieben. Allein schon die himmlische Lage, mitten auf dem Land, „janz weit draußen" in einem Dorf mit vier Häusern. Man geht eine kleine Anhöhe zu einem von Clematis umrankten Haus hinauf. Dahinter erstrecken sich mehrere „Gartenzimmer" mit großem Hofbereich, dann saftige Wiesen und Weiden und dahinter Wald. Eine sanfte, leicht gewellte Landschaft, soweit das Auge reicht. 17 Hektar Weideland für Schafe und Galloways. Was für ein Luxus!

„Wir wollten Ruhe, Land, Tiere und frische, gesunde Lebensmittel aus Selbstversorgung", erklären Herbert und Maren Riege ihre Motivation. Nach Stationen in Hamburg, Südamerika und der Lüneburger Heide haben sie im tiefsten Mecklenburg-Vorpommern neue Wurzeln geschlagen – 16 Jahre ist das her. Die verfallene Büdnerei von 1896 haben sie zu einem stattlichen Haus renoviert und mit einem winzigen Salatbeet begann das bäuerliche Abenteuer. „Unser erster Leitfaden, John Seymours Buch ‚Leben auf dem Lande', ist eher zum Träumen", so die Erfahrung der Anfänger. Pragmatischere Hilfe gab die Lektüre des Standard-Werkes von Marie-Luise Kreuter, „Der Bio-Garten". Denn es galt die Devise, ökologisch, ohne Chemie und Pestizide, zu gärtnern. Früher kränkelte Maren Riege oft, „seitdem wir uns frisch aus eigenem Garten ernähren, fühle ich mich gut wie nie".

Tipp

Marens Gartenweisheiten

1. Gärtner werden meist sehr alt
2. Gärtner sind grundsätzlich immer zuversichtlich
3. Gärtner planen zwangsläufig in die Zukunft
4. Gärtner sind meist zufrieden, jedenfalls alle, denen wir begegnet sind
5. Gärtner jammern eigentlich nur selten oder nie
6. Gärtner sind immer sehr kreativ, weil sie ständig neu herausgefordert werden

Gemüsereihen werden aufgelockert durch Rahmen von Cosmeen, sogar eine Hochstammrose darf im Beet Platz nehmen. Ein hübsches Duett sind Rosenkohl und Kürbis mit seinen gelben Blüten.

So sinnlich kann spätsommerliche Ernte aussehen: Hagebutten der Kartoffel-Rose (Rosa rugosa)*, Ebereschen-Beeren und Holunder.*

Die Ernte von frischem Obst ist bei Rieges nicht nur Gaumengenuss, sondern auch einer für die Augen.

Heute werden auf 850 Quadratmetern Kräuter, Gemüse und Obst frisch geerntet. Der reine Küchengarten ist nach traditionellem Bauerngarten-Vorbild in vier große Quadrate eingeteilt, mittig ein runder Brunnen, die Beete eingefasst von niedrigen, eigenhändig gearbeiteten Zäunen aus Weidengeflecht. „Ich rotiere auf den Feldern mit der Fruchtfolge, beachte gute und schlechte ‚Nachbarn' und schaue auch in den Mondkalender", sagt die vom Amateur zum Profi gewachsene Gärtnerin. Sie pflanzt alle Klassiker eines Gemüsegartens: Salate, Kohlsorten, Lauch, Kartoffeln, Topinambur. „Die paar Artischocken sind allerdings purer Luxus, dafür ist unser Sommer zu kurz und der Winter zu lang", gesteht Maren Riege. Der dicke, fette Lehmboden wird alle zwei bis drei Jahre durch Zusatz von Sand, Torf und Erde gelockert.

Wer mit dem Paar gemächlich durch ihr ländliches Reich spaziert, wird fast ein wenig neidisch auf dieses Leben. Eine „Landlust"-Idylle wie in vielen Magazinen ist es aber nur auf den ersten Blick. Schnell wird klar: das hier ist harte Arbeit, doch bewusst und freiwillig gewählt. Arbeit? Protest vom Paar: „Nein, das ist Vergnügen!". Sie stehen mit den Hühnern auf, genießen den ersten Tee am Morgensonne-Platz – es gibt diverse Sitzplätze für unterschiedliche Tages- und Jahreszeiten – im Schatten des mächtigen Birnbaumes im Hof. Sie planen, säen, pflanzen, pflegen, ernten und genießen. Ein lustvoller Kreislauf „und es ist schön, dass wir dies gemeinsam machen können".

„Seitdem wir uns frisch aus dem eigenem Garten ernähren, fühle ich mich gut wie nie."

Im Gewächshaus gedeihen Gurken, Paprika und Auberginen. Und viele Sorten Tomaten, der ganze Stolz von Herbert Riege. „Manche haben Rispen, so was können Sie nirgends kaufen“. Die samenechte 'Vierländer' *vermehrt er selbst.*

Als „Rasenmäher“ dienen „Rauwollige Pommersche Landschafe“, eine robuste Hausschaf-Landrasse, die selbst schlechtester Witterung trotzt. Dadurch erlernte Herbert Riege, wie man Heu macht und sogar schlachten kann er heute.

MAREN RIEGES SPEZIALITÄT

Zucchinikuchen mit Erdnüssen

- 125 g geschälte, ungesalzene Erdnüsse (alternativ Walnüsse)
- 100 g Emmentaler
- 150 g Quark
- 3 EL saure Sahne
- 60 g flüssige Butter
- 2 Eier
- 120 g grober Maisgrieß (Kukuruz)
- etwa 1 1/4 TL Meersalz
- 1/2 TL Schabzigerklee (Reformhaus)
- 1/2 TL Cayennepfeffer
- 2 Knoblauchzehen
- 200 g Frühlingszwiebeln
- 600 g Zucchini
- 2 EL Petersilie
- 1 EL frische Pfefferminzblättchen, gehackt
- Für die Form: ungehärtetes Kokosfett und Maisgrieß zum Ausstreuen

- Erdnüsse in Pfanne ohne Fett hellgelb rösten. Zwei Esslöffel beiseite stellen. Restliche Nüsse mit Käse fein zerkleinern. Quark mit Sahne cremig rühren. Butter, Eier, Maisgrieß und Nuss-Käse-Mischung unterrühren. Masse mit Salz, Schabzigerklee, Cayennepfeffer und durchgepresstem Knoblauch würzen. Zugedeckt 30 Min. quellen lassen. Pizzaform (26 cm Durchmesser) einfetten, mit Maisgrieß ausstreuen.
- Die unteren zwei Drittel der Frühlingszwiebeln in feine Ringe schneiden. Zucchini grob raspeln, mit Zwiebeln und Kräutern unter den Teig mischen. Masse in die Form füllen, glattstreichen, mit restlichen Erdnüssen bestreuen.
- Kuchen im vorgeheizten Backofen bei 200 Grad etwa 40 Min. backen. Lauwarm oder kalt servieren.

Bis auf Milch und Getreide wird alles selbst erzeugt, „nur vom Rotwein lassen wir die Finger, der erste war eine Mutprobe", grinst Herbert Riege. Stattdessen wird eigener köstlicher Apfel- und Kirschwein kredenzt. Es gibt Bienenstöcke und einen Hühnerstall. „Tiere gehören auf einem Bauernhof einfach dazu", sagt Landwirtschafts-Laie Riege, der in seinem früheren Leben Schreibtischmensch war und es jetzt genießt, tatkräftig mit den Händen zupacken zu können. Fehlschläge nahmen und nehmen beide gelassen, bereut haben sie ihre Entscheidung nie. „Wir würden es genauso wieder machen", versichern sie strahlend.

Gartendaten

BAUERNGARTEN

LAGE: Demern-Woitendorf, Mecklenburg-Vorpommern

BESITZER: Maren und Herbert Riege

GRÖSSE: Grundstück gesamt 18 ha, davon 17 ha Weideland, Garten mit Küchengarten etwa 850 qm

BAUJAHR: Haus von 1896, Renovierung 1998

PLANUNG: die Besitzer

Aus der Erde für die Sterne

Mit raffinierten Speisen hat sich Johannes King zwei Sterne erkocht. Trotzdem ist er auf der Erde geblieben. Im gemieteten Garten auf Sylt sät und erntet er gesunde Delikatessen für sein Spitzen-Restaurant.

16.5.
16.5.

Alles lässt sich recyceln, man muss nur erfinderisch sein: Plastiktöpfe dienen als Namensschilder, aufgesteckt an dekorativem Strandgut. Das sammelt Maria Schierz, die Kings Küchengarten tatkräftig im wahrsten Sinne beackert.

Frische Ernte: Knackiger Mangold (hinten) sowie die Blätter des Meerkohls (Crambe maritima).

„Regional und saisonal an sich heißt nichts, auf die Qualität kommt es an."

Ich warne Sie, mein Garten ist richtig schön räudig", lacht Johannes King am Telefon. Ich lasse mich nicht abschrecken, bin erst recht neugierig auf den Küchengarten des berühmten 2-Sterne-Kochs auf Sylt. Sein vor vier Jahren gemieteter Fundus, um die Gaumen von Feinschmeckern zu verwöhnen, liegt hinter einem alten Bauernhof in Morsum. Kein Vorzeigegarten wie bei Prince Charles, jeder Schrebergärtner würde in Ohnmacht fallen: Chaos mit Charme. King geht es nicht um repräsentative Schönheit, sondern um Authentizität, Geschmack, Würze, Aroma und Frische. „Ein kleiner Kosmos, dessen Produkte aus ihrer natürlichen Reife in kürzester Zeit frisch auf den Teller kommen. Ein Dreiklang aus Wachsen, Ernten, Essen – alles im Kreislauf der Natur", erklärt er.

„Regional und saisonal an sich heißt nichts, auf die Qualität kommt es an". Sagt einer, der mit neun Geschwistern auf einem Bauernhof im Schwarzwald aufwuchs. Der also weiß, wovon er redet, wenn es um Gemüse geht. Für den „regional und saisonal" keine neue Gourmet-Mode ist, sondern tiefste Überzeugung. Statt Trüffel und Gänseleber serviert er im Restaurant des 5-Sterne-Hotels „Dorint Söl'ring Hof" in Rantum Steckrübeneintopf, Wirsing mit Kapuzinerkresse und Äpfeln, Rosenkohl und Variationen aus Roter Bete. „Das wäre vor zehn Jahren unmöglich gewesen, heute sind die Gäste überzeugt!". Weil King, zum „Koch des Jahres 2013" gekürt („Feinschmecker"), Vorurteile abbaut, indem er die einst als Arme-Leute-Gerichte verpönten Speisen mit Raffinesse zubereitet.

Sternekoch Johannes King (rechts) und sein Kollege Andrej Sondej legen letzte Hand an. Die Meeresfrüchteteller – das Porzellan ist von der Berlinerin Stefanie Hering – werden mit Watt-Kräutern garniert.

Was ist denn das für eine originelle Blume? Es ist Gemüse: geschosster Mangold in Blüte.

Johannes King's Spezialität

Sylter Strandsalat

4 Bund Brunnenkresse
200 ml Sonnenblumenöl
½ mehlig gegarte Kartoffel

6 „Sylter Royal“-Austern
30 Herzmuscheln
18 Blaumuscheln
500 g Wattschnecken

1/8 Zitrone
40 ml Traubenkernöl

1 Apfel (z. B. 'Granny Smith')
20 g geriebener Meerrettich
80 g feine junge Quellerspitzen
80 g Triebe vom Strandportulak
etwas Fenchelkraut
Meersalz
weißer Pfeffer

Brunnenkresse putzen, blanchieren, mit Kartoffel fein pürieren. Mit Meersalz und frischem weißen Pfeffer würzen, mit Austernwasser auf cremige Konsistenz mixen, kaltstellen. Ungeöffnete Austern im Dampfgarofen bei 80 °C 6 Min. dämpfen, danach Fleisch aus den Schalen brechen, Austernwasser auffangen, beides beiseitestellen. Herzmuscheln, Wattschnecken und Blaumuscheln auf Blech verteilen, im Dampfgarofen bei 80 °C dämpfen, bis sie sich öffnen. Fleisch herauslösen und Saft auffangen. Einige schöne Herzmuschelschalen beiseitelegen.

Muschel- und Schneckensaft in Schüssel geben, mit Schneebesen frisch gepressten Zitronensaft, Traubenkernöl und weißen Pfeffer hineinrühren. Fein geschnittenes Fenchelkraut hinzurühren. Brunnenkressepürree auf gut gekühlte Teller streichen, Austern, Herz- und Blaumuscheln sowie Wattschnecken darauf anrichten. Ungeschälten Apfel und Meerrettich sehr fein reiben, kleine Tupfen auf Teller geben. Mit Quellerspitzen, Strandportulak-Trieben, etwas Fenchelkraut und einigen Herzmuschelschalen garnieren. Mit Muschelvinaigrette umgießen.

Das Rezept reicht für 6 Personen

Beim Gang durch seine „Schatzkammer" mit fettem, nährstoffreichem Marschboden weist er auf für ihn Essenzielles: Fenchel und Bronze-Fenchel, Blätter der Speisechrysantheme, Blüten von Rosenkohl und Broccoli, Schwarzwurzeln, Ur-Möhre, gelbe Buschbohnen und der lange vergessene Gute Heinrich, Pimpinelle, Aniskraut, Markerbsen. Er zupft etwas Grünes ab: „Hier, Austernpflanze (*Mertensia maritima*), essen Sie das ganze Blatt!" Schmeckt tatsächlich nach Meer und Austern. Römischen Ampfer (*Rumex scutatus*) zieht er normalem Sauerampfer vor: „Er ist milder und noch im späten Herbst zu ernten".

Salbei durchzieht den Garten in Hülle und Fülle. Die Beeren der Eberesche ergeben ein grandioses Knickfrüchte-Dessert (mit Hollunder, Hagebutten, Schlehen, Traubenkirschen, Brombeeren). Spezielle Zutat sind in den Dünen wachsende Salzkräuter: Strandmelde, Queller, Strand-Dreizack und -Portulak. Die sehr nach Meer schmeckenden Kräuter spürt seine „bessere grüne Hälfte" Maria Schierz auf. Sie hegt und pflegt auch den Bauerngarten. King suchte per Annonce eine Kräuterhexe, „gefunden habe ich mit Maria eine Fee", lacht er. Die zaubert, „fürs Auge", Blumen zwischen das Gemüse und arrangiert daraus herrliche Sträuße für das Hotel.

Gartendaten

Gourmet-Garten

Lage: Morsum auf Sylt, Schleswig-Holstein

Mieter: Johannes King, Mitarbeiterin Maria Schierz

Grösse: 1500 qm

Baujahr des Hauses: Ursprung von 1648, Neubau von 1857

Besonderheiten: Das Gelände lag 10 Jahre brach, seit 2009 Küchengarten für das Restaurant des Hotels „Dorint Söl'ring Hof" in Rantum.

Gaumen-Glück hinterm Deich

In diesem Küchengarten einer dreiköpfigen Familie gedeiht viel von fast Allem. Ein frisches Füllhorn, aus dem sie sich von Frühling bis Herbst verwöhnt. Ein kleiner, feiner Genussgarten, in dem Blumen den prachtvollen Rahmen geben.

Einen Plan? Nein, den hat Ilse Voigt-Lüers für ihren Küchengarten nicht gemacht. „Mein Traum war der klassische Bauerngarten, so mit Quadraten und Brunnen im Zentrum". Aber die Realität war ein langes schmales Grundstück, parallel zwischen Deich und Straße und alles leicht gekurvt. „Gerade ist mir daher leider nicht gelungen". Geglückt ist ihr Garten aber dennoch: Direkt hinterm Haus zuerst ein intimes Gartenzimmer mit Rasen, Stauden in großen Beeten, hohen Hainbuchenhecken. Darin ist ein Durchgang in den Küchengarten. Links dann malerisch der Deich, die Schafe gehören zwar den Nachbarn, sind aber totale Postkarten-Idylle. Rechts liegen die Gemüsebeete, zu Füßen einer gigantischen Wolke von 'Raubritter'-Rosen. Da haben die akkuraten Reihen von Kohl, Kartoffeln und Co. kaum noch eine Chance, beachtet zu werden.

Gepflanzt wird alles, was das Ehepaar und seine Tochter gerne essen: „Zwiebeln, Erbsen, Kohlrabi, Lauch, Rotkohl, Knoblauch, Sellerie", zählt die Gärtnerin auf. Seit 25 Jahren pflanzt und erntet die Heilpraktikerin hier, Gärten gehören seit Kindestagen zu ihrem Leben. „Ich bin auf einem Bauernhof in der Wesermarsch aufgewachsen", nun lebt sie hier wieder auf der eigenen Scholle. Was sie unterschätzt hatte, war der fette, dichte Marschboden. „Der gilt als üppig und nahrhaft und ich dachte, ich hab den Superboden!". Er entpuppte sich aber vor allem als superhart!

Mit kleinen Stillleben werden anmutige Akzente gesetzt.

Die Rose 'Raubritter', *verwoben mit Clematis, adelt das Gemüsebeet. Dort gedeihen Buschbohnen (ganz vorne), Rotkohl (Mitte) und dahinter die Wachsblume.*

Tipp

Schluss mit Schnecken

Als ich bei „Manufactum" einen Beutel Eierschalen angeboten sah – sehr fein gemahlen und sehr teuer – beschloss ich, das selbst zu machen. Seitdem landen Eierschalen nicht mehr im Kompost, ich sammele und zerreibe sie, streue sie um die Pflanzen. Schön scharfkantig-pieksig, mögen Schnecken gar nicht. Und der Kalk ist obendrein gut für den Boden.

Pflückfrische Salate spielen eine wichtige Rolle. Die Blüten des Rucola bilden schnell Samen, die sich teils auch alleine aussamen.

„In der Erde rumzuwühlen ist für mich ein guter Ausgleich zur Arbeit", sagt Heilpraktikerin Ilse Voigt-Lüers. Und dann genießt sie auch mal Tee und Siesta auf der Bank und schaut einfach nur voller Genuss in ihren Garten. Der ist von hohen Büschen gerahmt, ein natürlicher Schutz vor den starken Winden der Wesermarsch.

Nach vielen Jahren „habe ich ihn jetzt schön locker bekommen, mit Unmengen eigenem Kompost und alle paar Jahre gibt's eine Extra-Portion gut durchgerotteten Pferdemist", berichtet Ilse Voigt-Lüers. Nur Wurzelgemüse und vor allem Möhren – die wollen nicht so recht gedeihen. Ein Kinderspiel sind dagegen Salate, die die leidenschaftliche Hobby-Bäuerin in vielen Sorten und vor allem Farben zieht: „Es soll schließlich auch dekorativ aussehen". Deswegen kommen roter Rosenkohl, Mangold der Sorte 'Bright Light' und die Stangenbohne 'Blauhilde' – „die hat so wunderbare violette Blüten" – ins Beet.

Und eine andere Besonderheit entdeckt der Besucher erstaunt: die große, blaue Wachsblume (*Cerinthe major*) reckt sich neben Rotkohlköpfen empor. Was macht die denn da? „In einem Gartenmagazin las ich mal, dass die Wachsblume Kohl-Schädlinge fernhält. Und was soll ich sagen? Mein Kohl war wunderbar", lacht sie aus vollem Herzen. Auch erfahrene Gärtnerinnen lernen eben nie aus.

Gartendaten

Ländlicher Garten
Lage: Elsfleth, Niedersachsen
Besitzer: Ilse Voigt-Lüers und Werner Lüers
Grösse: Garten gesamt 930 qm, Küchengarten etwa 230 qm
Baujahr: Haus 1792, Garten erneuert seit Einzug 1989
Besonderheiten: Der Garten ist zur „Offenen Gartenpforte Elsfleth“ geöffnet.

Die stachelige 'Weberkarde' (Dipsacus sativus) *und ein Zaun halten die Schafe davon ab, von der Wiese auf dem Deich zu den Delikatessen im Garten zu springen.*

Kunst aus Natur, die sich harmonisch einfügt wie dieser Stein an einem Rankholz für Wicken, zieht sich duch den ganzen Garten.

Das erste „grüne Zimmer" wird durch Rasen und Staudenbeete bestimmt. Eine hohe Hainbuchenhecke trennt es vom dahinterliegenden Küchengarten – der schmale bogenförmige Durchgang verlockt zum Weitergehen.

Ein üppiges Eden zum Naschen

So schön kann eine Speisekammer aussehen: Die Besitzer ernähren sich fast komplett daraus und deshalb gibt es null Rasen. Seltene Gemüsesorten und essbare Blumen vereinen sich zu einem Kunstwerk von flirrender Leichtigkeit.

Blüten sind im Garten von Peter und Sunhild Kirsch-Brohmann nicht nur schöne Augenweide, sondern kommen auch in Salate und Tees. Die Blüten des Borretsch (Borago officinalis)*, oder Gurkenkraut, blühen in Weiß oder Blau.*

Sunhilds Spezialität

Bunter Mai-Juni-Salat

verschiedene Garten(wild)-kräuter und Blattsalate

Dressing:
Olivenöl
Weißwein- oder Balsamico-Essig
etwas Senf, Salz und Pfeffer
frischen, fein gehackten Knoblauch

- Jeweils die ganz jungen Blätter von Giersch, Löwenzahn, Spitzwegerich, Knoblauchrauke, Spinat, Roter Gartenmelde, Zitronenmelisse, sowie verschiedene Blattsalate.
- Außerdem Gurkenscheiben oder -stücke, Apfelstückchen, Dill, Schnittlauch oder Knoblauch und geröstete Sonnenblumenkerne.
- Das Ganze garnieren mit Blüten von weißer Taubnessel, Kohl, Zierquitten, Gänseblümchen und Veilchen.
- Dazu reicht Sunhild frisch geröstetes, selbstgebackenes Stangenbrot.

Das Rezept reicht für 4 Personen.

Im Hochsommer ist der Garten so überbordend gefüllt mit hohen, blühenden Stauden, Kräutern und Gemüsen, dass auf den schmalen Pfaden kaum ein Durchkommen ist. Ein dschungelhaftes Eden komplett ohne Rasen – abgesehen von der zuhinterst liegenden Streuobstwiese. Ansonsten wird jeder kostbare Quadratzentimeter Erde genutzt zum Anbau von Genüssen – erst fürs Auge, dann für den Gaumen.

Neben typischen Gemüse-Sorten gedeihen hier einst vergessene, jetzt wieder gefragte Klassiker: Die Pastinake wird wegen ihres süßlich nussigen (je nach Sorte unterschiedlichen) Geschmacks geschätzt. Den Vitamin-C-haltigen Guten Heinrich (*Chenopodium bonus-henricus*) verwendet die nie nach Rezept arbeitende Köchin wie Spinat. An einem Gerüst ranken weiße Bohnen, aus denen sie ein Pürree als Aufstrich mixt, an einem anderen der Hörnchen-Kürbis (*Cyclanthera pedata*). Dessen olivengroße Früchte schmecken „wie ein Mix aus Gurke und Erbse", schwärmt Sunhild, die von der Kindergärtnerin zur Gärtnerin wurde. Schöner Schmuck sind auch die violetten Hülsen der Kapuziner-Erbse (*Pisum sativum* convar. *speciosum*), früher ein traditioneller Leckerbissen im ostfriesischen Raum.

Im fächerförmig aufgeteilten Kräuter-Kreis gedeihen viele unterschiedliche Heilpflanzen, die vor allem für Tees genutzt werden. Die gelben Blüten der Königskerze (Verbascum) kannte schon Hildegard von Bingen als Mittel gegen „ein traurig Herz".

Junge Zucchini-Pflanzen wachsen auf einem Kompost und lieben weiches Regenwasser, das als Vorrat in vielen Kannen gesammelt wird.

„Weil der Garten so viel Gemüse spendet,
wurde eines Tages das Fleisch weggelassen.“

Die scharfen Blätter der Senf-Kresse (*Lepidium latifolium*) landen ebenso im Salat wie die von Speisechrysantheme (*Glebionis coronaria*) und Baum-Spinat (*Chenopodium giganteum*). Apropos Salat: „Wir müssten schon ganz grün sein, so viel essen wir täglich", sagen beiden und lachen. Und weil der Garten so viel Gemüse lieferte, ließen sie einfach irgendwann das Fleisch weg. Auch Kräuter spielen eine Hauptrolle in diesem Garten: „Wir nutzen sie vielfältig für die Küche, trinken drei mal täglich frischen Tee und ich verschenke Teesträuße", sagt Sunhild, die längst fundiertes Wissen über Heilkräuter und ihre Wirkungen gegen Wehwehchen aller Arten besitzt. Kräuter, die beide besonders schätzen sind: Süßdolde zum Süßen, Baldrian zur Beruhigung, das herbe Berg-Bohnenkraut zum Würzen, die Korsische Minze wegen ihres schönen Duftes: „Wächst nicht hoch, aber Napoleon war ja auch nicht groß", sagt der Gärtner grinsend. Die Apotheker-Rose steht mitten zwischen den Kräutern und aus den süßlichen, getrockneten Blütenblättern der Rose 'Königin von Dänemark' stellt Sunhild mit Erdbeeren, Mandeln und Honig köstlichstes Konfekt her, das süchtig macht.

Von Blumenkohl und Lauch haben sich die Gemüse-Liebhaber verabschiedet, „wurde nix, die lieben schweren Boden". Denn auch nach 17 Jahren Boden-

Gartendaten

Landhausgarten
Lage: Zetel bei Wilhelmshaven, Niedersachsen
Besitzer: Peter und Sunhild Kirsch-Brohmann
Baujahr: 1994
Plan: Eigenbau
Grösse: 3000 qm
Besonderheiten: In diesem Garten gibt es eine Streuobstwiese, aber sonst nirgends Rasen.

Im Juni beherrschen wogende Felder von hochstieligen rot- und purpurvioletten Mohnblüten die Szenerie. Die Samen werden für Brot und Backwerk verwendet.

Bezauberndes Potpourri (von links nach rechts): Junge Blätter einer selbstausgesamten Königskerze, Rote Melde, Rukolablätter und Schnittlauch in der Blüte.

verbesserung mit bestem eigenem Kompost („Aus Mist wird Gold!") ist der friesische Boden immer noch sandig. „Wir sind hier auf einem Geestrücken", erklärt Peter. Dafür werden sie mit einem verschwenderischen Meer farbenfroher Mohn-Blüten belohnt, die den Garten in ein impressionistisches Gemälde verwandeln. „Ich liebe Mohn, da kann man so viel mit machen, vor allem Backwaren", schwärmt der Hausherr. Nach der Mohnblüte webt sich ein weißer Spitzen-Schleier von fragilen Korianderblüten durch den Garten, was ihm etwas Leichtes, Märchenhaftes gibt. „Der sät sich wahnsinnig aus", freut sich Sunhild. Seit 20 Jahren genießen beide die Schätze aus ihrem Garten: „Er ist für uns Lebens-Kultur".

Schlaraffenland der Superlative

Hier hängen die Schätze nicht an den Wänden, sondern sprießen in der Erde: Im Küchengarten von Schloss Ippenburg, dem größten Deutschlands, vereint Viktoria von dem Bussche mit Leidenschaft köstlichste Gemüse, Kräuter und Blumen zu einem Gesamtkunstwerk.

Tipp

Besonders delikate Kartoffelsorten

'Vitelotte': klein, lila und eine weltberühmte Trüffel-Kartoffel
'Pink fair apple': sehen aus wie kleine rosa Tannenzapfen, schmecken nussig
'Roseval': roséfarben, gelten in Frankreich als absolute Delikatesse
'Rote Emma': etwas mehlig, man kann toll rosa Kartoffelpürree daraus machen
'Aeggeblome': kommt aus Dänemark, ist nur murmelgroß, aber köstlich

Wie auf einem Gemälde alter Meister wirkt dieses Terzett, frisch aus dem Beet: Der attraktive rotstielige Mangold, Blätter vom Palmkohl und eine zarte junge Artischocke.

Schlemmereien aus dem Garten Eden: Palmkohl, Kräuter, kunterbunte Radieschen, Rote Bete, Kapstachelbeeren und Erdbeeren. Frisch aus der Erde und noch warm von der Sonne – man möchte reinbeißen!

Die Gartenbohne überrascht mit überwältigender Sortenvielfalt. Die Busch- oder Stangenbohnen faszinieren mit gelben, grünen oder violetten Hülsen, besonders attraktiv ist die violett marmorierte Stangenbohne 'German Korn'.

So viel Schönheit. Solche Vielfalt. Und die schiere Größe! Dieser Küchengarten ist in jeder Beziehung umwerfend und macht neidisch. Allein zwölf Sorten Kartoffeln. Beherzt greift Viktoria von dem Bussche zur Grabegabel und fördert frühe köstliche Knollen ans Licht. Etliche sind ideal zu Spargel und das Ganze wird erst perfekt mit Weinrauten-Butter. Darum ist die Weinraute (*Ruta graveolens*) in diesem essbaren Paradies nicht nur hübsche Staude, die kleingehackten silbrig grünen Blätter liefern aromatische Würze: „Ein Geheimrezept meiner Schwiegermutter", verrät die kenntnisreiche Kartoffel-Liebhaberin.

Die niedersächsische Erde ist in Ippenburg dick und fett, mit über Jahrhunderte gewachsener Humusschicht, die wie ein Dampfkochtopf wirkt. Deswegen wächst hier auch alles in dieser unglaublichen XXL-Größe, der absolute Blickfang sind mannshohe Artischocken (und das im rauen Osnabrücker Land!). „In meinem Reich wächst alles, was schön aussieht und uns schmeckt", ist das Motto der zupackenden Freifrau. Und hier entdeckt man plötzlich, wie schön und dekorativ Gemüse aussehen kann. Energiegeladen marschiert von dem Bussche die Beete entlang und präsentiert stolz ihre Pretiosen. Klassische Gemüse, aber oft in besonderen Sorten wie die violette Möhre 'Purple Haze' (eine Rück-Kreuzung mit der Ur-Möhre). Oder die Feuerbohne mit knallrot leuchtenden Blüten namens 'Lady Di'. Mangold, der neue Superstar im Gemüsebeet, in der Sorte 'Bright Lights' mit kunterbunten Stielen. Die historische blauviolette Kapuziner-Erbse 'Blouw Stokkers': „Schauen Sie, wie elegant die innen ist". Über die weißen, wie Mini-Ufos aussehenden Patissons (*Cucurbita pepo* var. *clypeata*) urteilt sie entzückt: „Die sind sooo schmackhaft!".

Hier zupft der Drei-Sterne-Koch gerne auch mal selbst: Thomas Bühner vom Restaurant „La Vie" aus dem nahen Osnabrück nutzt den Reichtum des Ippenburger Küchengarten als inspirierenden Fundus für seine Gourmet-Kreationen. Handverlesen landen die zarten Tagetes-Blüten auf den Tellern.

Was hier alles zu entdecken ist: viele historische Gemüse, die jetzt wieder en vogue sind. Spitzkohl, Dicke Bohnen, Mai-Rübe, Erdbeer-Spinat (*Chenopodium foliosum*), Gelbe Bete – „köstlich", so der knappe Kommentar von Viktoria von dem Bussche. So leidenschaftlich wie sie wühlt, pflanzt, ackert und erntet, steht sie auch am Herd. Doch selbst die vier Kinder, Enkel und häufigen Gäste können den Reichtum dieses Mega-Gartens nicht verputzen. „Manches wird verschenkt" oder landet in höchst verfeinerter Form auf den Tellern des Drei-Sterne-Kochs Thomas Bühner. Sein Gourmet-Tempel „La Vie" in Osnabrück ist 30 Auto-Minuten entfernt. Mehrmals pro Woche versinken Bühner und seine Mitarbeiter frühmorgens wie Schatzsucher in den Beeten und ernten die zartesten Gaumenfreuden. Bühner ist passionierter Alchemist und Aromen-Koch: „Nichts ist authentischer und intensiver als der ursprüngliche, reine Geschmack eines Produktes", lautet sein Credo. Und er lässt sich inspirieren von der Vielfalt, die auf den Äckern im adligen Küchengarten sprießt. Der Star-Koch kredenzt seinen Gästen geräucherte Mai-Rübchen, vier Variationen von Kohlrabi, gebackene Softshell-Crab mit jungen Erbsen, Spinat und schwarzem Knoblauch.

Die Markerbse 'Profita' lässt sich bis Ende Septemberernten, wenn zeitlich getaffelt ausgesät wird.

„In meinem Reich wächst alles,
was schön aussieht und uns schmeckt."

Land-Lady von dem Bussche hält es mit dem gärtnernden Geheimrat Goethe und „verbindet das Nützliche mit dem Schönen“. Also veredelt sie die akkuraten Gemüsereihen mit herrlichsten Sommerblumen. Zwischen Stangenbohnen, Fenchel und Kohlrabi leuchten salatkopfgroße Dahlien, graziles Argentinisches Eisenkraut (*Verbena bonariensis*) und Sonnenblumen. Tagetes in sattem Gelborange vertreiben lästige Schädlinge, Ringelblumen und Kapuzinerkresse schlängeln sich überall durch und überwuchern keck die Staketenzäune. Blumen und Gemüse verweben sich malerisch, ein Bild wie ein farbenprächtiger orientalischer Teppich, der in weiten Teilen essbar ist. Mit der Besitzerin sind es sieben Personen, die diesen gigantischen Garten bewältigen: „Wir lernen alle zusammen, aber ich bin Amateurin“, sagt die Freifrau – und untertreibt damit natürlich heftig.

Gartendaten

Schaugarten Schloss Ippenburg
Lage: Bad Essen, Niedersachsen
Besitzer: Viktoria und Philip von dem Bussche
Grösse: 5 ha
Baujahr: 2010
Entwurf: Architekt Peter Carl, Hannover, nach einem Plan aus dem Jahr 1703
Besonderheiten: Größter Küchengarten Deutschlands und an etlichen Wochenenden mit Führung zu besichtigen.

Durch üppigen Blumenflor wird der Selbstversorger-Garten zum vielfarbigen Kunststück. Ein Sitzplatz, rustikal aus Naturholz, fügt sich zwischen Kohl, Stangenbohnen und Eisenkraut. Der rote Grünkohl 'Red Bor' *hinter dem Zierkohl mit den aparten violetten Stielen ist für die Freifrau reine Zierde.*

Genussgarten (fast) ohne Exoten

Vorher karge Mondlandschaft, hinterher Schlemmer-Paradies. Seit vielen Jahren genießt Familie Ening im Münsterland die eigene Ernte. In ihrem typischen Bauerngarten gedeiht viel heimisches Gemüse, als einzige „Exoten“ wachsen Zucchini und Tomaten.

Der seitliche Eingang wird von einem Bogen aus Goldhopfen (Humulus lupulus 'Aureus') *mit goldgelben Blättern bekränzt (links).*

Grünkohl ist ein gesundes Wintergemüse, dessen Geschmack sich erst durch Frost entwickelt (Mitte). Wie gemalt sehen die Birnen der alten belgischen Sorte 'Köstliche von Charneux' *aus, die ihrem Namen alle Ehre machen.*

Dieser Garten strotzt nur so vor Obst und üppigem Gemüse in properen Reihen, dazwischen Rosenbögen und hohe wogende Blumen. Hier soll mal kahle Erde wie auf dem Mond gewesen sein? Beim besten Willen nicht vorstellbar! „Aber genauso war es", beteuert Marie-Luise Ening, „hier war nichts außer Bauschutt! Und wir besichtigten an einem verregneten Januartag 1978, obendrein war es Freitag, der Dreizehnte!" Abergläubisch waren sie und ihr Mann Josef nicht, sie kauften das 1.300 Quadratmeter große Grundstück. Mitten im kleinen, 780 Jahre alten Städtchen Südlohn, nahe der holländischen Grenze.

Der Boden war sehr sandig, „alles andere als ideal für Gemüse". Doch die tatkräftige Münsterländerin ließ sich nicht abschrecken, säte erst Lupinen als Gründüngung und dann gab es massenweise Muttererde. „Ich bin als Kind mit großem Gemüsegarten und Obstwiese aufgewachsen, da liegt es in den Genen. Ein eigener Garten war mein Lebenstraum". Den hat sie überzeugend verwirklicht. Hinter dem Haus erstreckt sich das Gelände, zur Straße abgeschirmt von hohen Hainbuchenhecken. Große Beetinseln mit Stauden, Rasenflächen und dahinter, vis-a-vis der Terrasse, liegt der eigentliche Küchengarten. Ganz in der Tradition des Bauerngartens: klassische Kreuzform, hier aber zwei große Beete vorne, zwei schmale dahinter, in der Mitte ein Kreis, in dem eine Sonnenuhr schmückender Blickfang ist, das Ganze eingefasst mit niedrigen Buchsbaum-Hecken. „In diesem Sommer durfte ich mal schneiden", grinst

Tipp

Marie-Luise Ening empfiehlt Beinwell

Die uralte Heilpflanze Beinwell (*Symphytum officinale*) ist eine dekorative, robuste und schnell wachsende Staude und zusätzlich ein echtes Multitalent.

Arznei: Tolles Wundheilmittel bei allen Prellungen und Verstauchungen. Dafür die gereinigte Wurzel reiben und als Kompresse auf die Wunde legen.

Mulchmaterial: Die großen Blätter mit ihrer Blattmasse sind ideal zum Mulchen, man kann sie als Schutz zwischen Stauden oder Gemüse legen.

Dünger: Jauche aus Beinwell-Blättern ist ein wertvoller organischer Stickstoff-Dünger.

Gartendaten

BAUERNGARTEN
LAGE: Südlohn/Münsterland, Nordrhein-Westfalen
GARTENBESITZER: Josef und Marie-Luise Ening
GRÖSSE: 1300 qm
BAUJAHR: 1978
PLANUNG: in Eigenregie

Weckgläser sind eine ebenso dekorative wie praktische und preiswerte Hülle für junge Salatpflänzchen. Sie schützen vor zu niedrigen Temperaturen und hungrigen Schnecken.

So romantisch wurde selten ein Komposthaufen verdeckt: die gemauerte Backsteinwand mit künstlicher Patina ist pure Kulisse und wirkungsvoller Abschluss des Küchengartens. Der wirkt so noch ländlicher und rustikaler.

Alte Apfelbäume sind für Marie-Luise Ening eine Herzensangelegenheit in ihrem Garten. Auf der großen Obstwiese gedeiht die regionale Spezialität 'Dülmener Rose', *schon als Kind ihr Lieblingsapfel.*

Josef Ening, der als gelernter Schmied den Garten mit eigenen Objekten verschönert, „sonst hat hier meine Frau die Regie". Die von ihm über Eck gebaute Backsteinwand mit Fensterchen und roher Holztür ist reine Kulisse. Ruinen-Romantik, die auf's Schönste den profanen Zweck dahinter verbirgt – den Komposthaufen.

Der Gemüsegarten ernährte früher eine sechsköpfige Familie, heute genießen Enings die Ernte alleine. „Ein richtiger „Kochtopf"-Garten , erklärt die Gärtnerin, „mit allem von früher: Kohlrabi, Kartoffeln, Möhren, Buschbohnen, Lauch, Zwiebeln gab's fast einen Zentner, die essen wir den ganzen Winter". Wichtig sind Salate und natürlich zahlreiche Kohl-Sorten. Superstar im Beet ist Grünkohl, „der wächst hier am besten". Die „Exoten", die es in Mutters Garten einst nicht gab, sind gelbe Zucchini, gelbstieliger Mangold – „hat einen schönen herb-pikanten Geschmack" – und Tomaten: „Da probiere ich immer neue Sorten aus."

Veredelt wird das essbare Herz des Gartens durch verschwenderische Blumenpracht, „das gehört einfach dazu". Natürlich wird keine Chemie gespritzt und dank Vier-Felder-Wirtschaft, Kräutern und Stauden, die viele nützliche Insekten anlocken, ist das auch nicht notwendig. Und der Giersch? „Wird vernichtet durch Aufessen", sagt Frau Ening vergnügt. Die Rentner verlassen ihr Paradies sommers kaum: „Man muss aber mal kurz weg, um neu zu schätzen, wie schön es hier ist!"

Kabinett für die Kulinarik

Der Vorgarten ist in den meisten Fällen immer noch ein Stiefkind. Maria Rulle beweist im Münsterland mit ihrem das Gegenteil: Sie schuf in vier Quadraten und mit klassischen Elementen einen hinreißenden Mini-Küchengarten. In dem gedeiht Vieles, was gerne frisch gegessen wird.

So reizvoll und vielseitig kann ein winziger Gemüsegarten sein. Gerade mal hundert Quadratmeter groß ist das Schmuckstück, in das Maria Rulle ihren Vorgarten verwandelt hat. Und doch wächst alles darin, was sie und ihr Mann gerne essen.

Ein klassischer Küchengarten en miniature, aufgeteilt in vier Quadrate, mittig ein Kreis, mit Buchsbaum im Kübel als elegante Zierde. Kloster- und Bauerngärten des Mittelalters lassen grüßen, doch wie heiter und leicht dieses kleine grüne Juwel wirkt! Alle Beete sind mit niedrigem Buchsbaum eingefasst: „Ein typischer Garten in dieser Region muss das einfach haben", stellt Maria Rulle klar.

Die Münsterländerin ist geprägt von ihrer Heimat und dem großen Garten der Eltern: „Wir ernteten Unmengen von Gemüse, das wurde dann teilweise eingeweckt! Ich kannte es gar nicht, Gemüse im Laden zu kaufen!" Heute liefert ihr der eigene Küchengarten zwar nicht alles, aber die bekennende Vegetarierin hat eine erstaunliche Vielfalt in diesem essbaren kleinen Kosmos versammelt. Knoblauch, Möhren, Lauch, Zwiebeln, Mangold und Grünkohl – „der ist hier unverzichtbar!" Auch alte Gemüsesorten schätzt sie, wie die weiße Schweizer Möhre 'Weiße von Küttigen' mit intensiv würzigem Aroma, die violett gesprenkelte Stangenbohne 'Berner Landfrauen' und die Rote-Bete-Variante 'Tonda di Chioggia', innen apart rot-weiß geringelt und mit leicht süßlicher Geschmacksnote.

Durch immergrüne Formschnitt-Elemente aus Eibe und Buchsbaum wird der klassische Bauerngarten auch im Winter, erst recht mit einer Schneedecke, zur Augenweide. Besonders wohltuend ist die Harmonie durch Symmetrie.

Die vier Quadrate sind nach den Farben Rot-Gelb und Weiß-Silber unterteilt. Je zwei Beete sind spiegelbildliche Paare. Symmetrie, Harmonie und Schönheit sind der Gärtnerin fast ebenso wichtig wie der Nutzen von frischem, gesundem und selbst angebautem Gemüse. Ihr ästhetischer

Maria Rulle hat ein Faible für schöne Accessoires. Daher gedeihen die geliebten Tomaten nicht an den üblichen Spiralen aus dem Gartencenter, sondern sind an Eisenstangen gebunden, von Muscheln gekrönt. Eine preiswerte wie originelle Zierde.

Anspruch steckt in vielen Details. Die Muscheln, die als Objekte auf hohen Eisenstangen schweben, entdeckte Maria Rulle in einem Buch über mittelalterliche Gärten. Und wie seit Jahrhunderten schmücken daher auch Blumen ihre Freiluft-Speisekammer: Ringelblumen, weiße Duft-Pelargonien, am Eingang rankt die rosarote Clematis 'Princess of Wales' üppig über ein Gerüst.

Die Gaumen-Genüsse werden biologisch mit Kompost und Hornspänen gedüngt. „Gegen Wühlmäuse pflanze ich Knoblauch", rät sie. Dass alles bestens gedeiht, hat zwei Gründe: „Hier war dicker, viel zu fester Lehmboden". Gemeinsam mit Freunden wurde der gesamte Boden ausgehoben, mit Sand durchmischt und dann wieder aufgetragen, „jetzt ist er optimal". Hinzu kommt ein günstiges Mikroklima, denn das Terrain wird geschützt durch Haus- und Garagenwand auf den Längsseiten, zwei hohe, immergrüne Eibenhecken am Eingang bieten Sicht- und vor allem Windschutz.

Alles, was Maria Rulle anpflanzt, landet in der Küche. Schnell mal aus der Haustür in den Vorgarten, schnipp-schnapp ein paar Kräuter, einen Salatkopf, eine Hand voll Tomaten oder Rote Bete geerntet – fertig ist das Mittag- oder Abendessen. „Wir genießen, was die Saison uns schenkt, alles andere ist doch Schwachsinn", unterstreicht sie ihr Plädoyer für saisonales Essen mit charmantem Lächeln. Ist der Garten für sie Arbeit? Sie lacht: „Fensterputzen ist Arbeit, aber Gartenarbeit ist total entspannend, da brauche ich kein Yoga!"

Gartendaten

Kleiner Quadratgarten
Lage: Nottuln bei Münster, Nordrhein-Westfalen
Besitzer: Maria und Hartmut Rulle
Gebaut: 1999
Grösse: eigentlicher Garten 1600 qm, reiner Küchengarten 100 qm
Entwurf: selbst entworfen
Besonderheit: Ein schlichter Vorgarten zwischen Haus und Garage wurde zum schönen wie originellen Küchengarten.

Im streng formalen Rahmen aus Buchsbaum darf es üppig durcheinander wuchern, Blumen, Gemüse und vor allem viele Kräuter gedeihen prächtig zusammen. Hoher Fenchel im rechten Beet ist graziles Pendant zu den Tomaten links. Feinster heller Kies gibt dem Miniatur-Bauerngarten, angelegt nach traditionellem Vorbild, eine elegante Note.

Die Erde und ihre guten Gaben

So verwurzelt wie die eigenen Kartoffeln, Kohlrabi und Kohlköpfe ist Familie Paasen mit ihrem Garten an der holländischen Grenze. Mit Leidenschaft wird geackert und gepflanzt, mit Freude geerntet, mit Liebe alles zubereitet. Und sie bekennt glaubhaft: „Welch' eine schöne Arbeit!".

Kohlrabi (oben links) zählt zu den Klassikern im Bauerngarten, sein feines Aroma wird neuerdings wieder geschätzt. Auch Grünkohl (oben rechts) und der Spitzkohl 'Filderkraut', aus dem schmackhaftes Sauerkraut gewonnen wird, dürfen im Gemüsegarten nicht fehlen. Ebenso wenig Kartoffeln – frisch geerntet munden die leckeren Knollen am besten

Tipp

Goswins Bittersalz-brühe für Rosen

„Zu einem schönen Nutzgarten gehören auch Rosen. Wir stärken sie mit einer Dünger-Lösung aus Bittersalz (gibt's im Gartencenter). 3 Gramm auf einen Liter, einen Tag stehen lassen, dann die jungen Blatt-Austriebe vier Wochen lang einmal wöchentlich besprühen. Am besten abends, bei Sonne verbrennen die Blätter. Die Brühe kräftigt und stärkt die Blätter gegen Pilzkrankheiten."

Diese Möhren entsprechen keiner EU-Norm. Dafür sind sie Charakter-Wurzeln und haben ein reizvolles Farbspektrum, neben dem üblichen Rotorange sind sie auch weiß oder violett, die Sorte 'Pariser Markt' ist gar kugelrund.

Der „Grenzlandgarten“ ist am „Tag der Offenen Gartenpforte“ längst ein beliebtes Ziel für grüne Enthusiasten. Denn Familie Paasen hat ein beeindruckend schönes Paradies geschaffen. Doch seit drei Jahren ist es noch sehenswerter: Der sich hinter dem romantischen Blumengarten anschließende Küchengarten ist ein Schmuckstück voll überbordender Fülle und Sinnlichkeit. Ein verwitterter Staketenzaun, geschmückt mit zum Trocknen aufgehängten Zwiebel-Sträußen, gibt den passenden Rahmen.

Als sich die Chance bot, dieses Areal langfristig zu pachten, sagten Paasens sofort zu. „Die Inspiration war ein Besuch im Botanischen Garten Münster, wo ein wunderschöner historischer Bauerngarten angelegt ist“, erzählt Angelika Paasen. Von einem eigenen Garten zur Selbstversorgung hatten sie und ihr Mann Goswin schon lange geträumt. „Ich bin sehr naturverbunden und bodenständig, beeinflusst durch den Nutzgarten meiner Oma“. Und so findet sich im Schlemmergarten der Enkelin vieles von damals wieder: Stielmus, Dicke Bohne, Melde, Pastinake, Spargelerbse, „all das leckere Gemüse, was es Jahrzehnte nicht gab“, listet die Gärtnerin auf. Die gerade wieder entdeckte Haferwurzel (*Tragopogon porrifolius*) hat sie aber „nur wegen der schönen blauen Blüte“, gesteht sie lachend. Der rote Grünkohl 'Red Bor', der in vielen Beeten reine Dekoration ist, landet bei ihr hingegen im Kochtopf: „Von wegen nur Zierkohl, der schmeckt toll!“ Und der üppige Dill ist vielseitiges Würzkraut.

Gartendaten

BAUERNGARTEN
LAGE: Geldern-Walbeck am Niederrhein, Nordrhein-Westfalen
GARTENBESITZER: Angelika und Goswin Paasen
GRÖSSE: 1500 qm, davon 600 qm Küchengarten
BAUJAHR: 1994
PLAN: selbst gestaltet
BESONDERHEITEN: Neben Teilnahme an der „Offenen Gartenpforte“ je nach Saison und Blütezeit verschiedene Veranstaltungen.

Mit großer Passion haben Angelika und Goswin Paasen ihre Scholle in ein Paradies für alle Sinne verwandelt und zeigen, wie schön ein Küchengarten sein kann. Kein Wunder, dass ihr „Grenzlandgarten“ gerne auch von holländischen Nachbarn besucht und bewundert wird.

Einen attraktiven und vor Schnecken geschützten Logenplatz haben bei Angelika Paasen die Kräuter. Die sind essenziell für ihre frische Genuss-Küche, Favorit ist die Carmagnola-Minze, „eine der besten und intensivsten überhaupt und ideal für Tees!“ So hübsch im Weidenkorb versammelt, werden schlichte Gartenutensilien zur Zierde.

Es gibt Rosenkohl, den für die Region charakteristischen Grünkohl und jede Menge Bohnen. „Mein Liebling ist die kleine Bohne ‘Lippoldsberger Weiße Perle’. Jede Sorte schmeckt anders, aber alle köstlich“, erzählt die begeisterte Köchin. Um die Kartoffeln kümmert sich ihr Mann. Etliche alte Sorten wurden bereits gepflanzt – „wir probieren gerne Neues aus“, in diesem Sommer war die ganze Familie begeistert von ‘Rosa Tannenzapfen’. Rittersporn-Rispen recken sich neben Kohlköpfen empor, Bart-Nelken, Ringelblumen, Salvien und Tausendschön lockern als flirrende Tupfer die sorgfältigen Gemüse-Reihen auf. „Alles Blumen, die auch im Garten meiner Großmutter blühten! Sie wusste damals schon: Blumen gehören in einen Garten genauso wie Gemüse – beides nährt sich gegenseitig!“

Dass bei Paasens alles proper gedeiht, ist nicht selbstverständlich. Ihr Garten liegt in einem ehemaligen Spargeldorf, „also sandig, durchlässig, schwierig“, erinnern sich beide. Doch die leidenschaftlichen Gärtner ließen sich nicht entmutigen, mit viel eigenem Kompost wurde der Boden aufgewertet. Ihr Lohn ist heute üppige Ernte, alles biologisch gepflanzt. Auch die Jungpflanzen sind aus biologischem Anbau, längst wird Saatgut aus den eigenen Pflanzen geerntet, „da kann man Tolles ausprobieren“, strahlen beide.

Früher sei ein Nutzgarten eine Notwendigkeit gewesen, „für uns heute ist es Freude und Luxus. Und es schmeckt alles ganz anders als gekauft, viel intensiver, total frisch und garantiert gesund!“ Manchmal helfen sogar die drei erwachsenen Söhne mit bei der Gartenarbeit. An dem Begriff Arbeit scheiden sich allerdings deutsche und holländische Gartenbesucher. „Deutsche sagen meist ‚schön, aber viel Arbeit‘. Holländer finden, das sei viel schöne Arbeit“, lachen Paasens, „genauso ist es auch“. Schließlich stammt ihr Motto vom englischen Literatur-Nobelpreisträger und Gartenfan Rudyard Kipling: „Ein Garten entsteht nicht dadurch, dass man im Schatten sitzt!“

Säen und ernten in Gottes Garten

Im Benedikterinnen-Kloster Fulda gärtnert Schwester Christa nach biologischen Grundsätzen. Wichtigstes Fundament ist ein guter Boden und dafür braucht man besten Kompost. Die Nonne weiß aus jahrelanger Erfahrung, wie beides geht.

Klostergärten haben stets etwas Magisches. Verborgen hinter meist dicken Mauern, assoziieren sie auf Anhieb uraltes mystisches Wissen um Heilpflanzen. Hildegard von Bingen fällt einem ebenso ein wie das Motto des Heiligen Benedikt: „Ora et labora" – bete und arbeite. Im Klostergarten der fast 400 Jahre alten Benediktinerinnen-Abtei St. Maria in Fulda ist man sofort in einer anderen Welt. Obwohl mitten im Zentrum gelegen, ist der von Häusern, hohen Mauern und der Kirche eingefriedete Garten abgeschirmt gegen den Lärm der Gegenwart. Eine Oase der Stille, die im Hochsommer ein dicht verwobenes, bunt wogendes Bild aus Obstbäumen, Blumen, Kräutern und Gemüse bietet.

Im Zentrum von Fulda, zwischen Stadtpfarrkirche und Schloss, liegt die 1626 gegründete Benediktinerinnen-Abtei St. Maria. Der Klostergarten mit geometrischem Grundriss vereint Bauern-, Gemüse- und Kräutergarten mit einer Streuobstwiese.

Hier regiert Schwester Christa Weinrich. 1976 trat die junge Lehrerin für Deutsch und Religion in den Orden ein. Etliche Jahre kam sie „zum Helfen in den Garten", assistierte unter der damaligen Leitung von Schwester Laurentia. Das befriedigte sie so, dass sie ein Gartenbaustudium an der Fachhochschule Osnabrück absolvierte. „In der praktischen Arbeit im Klostergarten habe ich viel mehr gelernt als im Studium", sagt sie heute.

Und biologisches Gärtnern, das war an der Hochschule damals kein Thema. Dafür umso mehr im Klostergarten. In den 1950er-Jahren hatte Schwester Laurentia in der Chronik eines englischen Ordens ein Rezept für Kompostierung entdeckt. Die Urheberin, Landlady Emily Bruce, hatte dem Kloster das Rezept zur Verfügung gestellt. Schwester Laurentia erwarb die Lizenz und 1953 entstand „Humofix". Das Pulver aus getrockneten Kräutern mit Milchzucker ist ein idealer ökologischer Kompostbeschleuniger und Universaldünger. Längst ein Bestseller für Freunde naturnahen Gärtnerns, werden jährlich über 30.000 der grünen Tütchen verschickt.

Der warm schimmernde Einjährige Sonnenhut (Rudbeckia hirta) *setzt sich dekorativ ab vor den silbrig blauen Bällen der Kugeldisteln* (Echinops), *einer robusten Staude.*

Zwei aromatische Heilkräuter: unten links der Gewürz- oder Küchen-Salbei (Salvia officinalis), *daneben die sehr intensive Weinraute* (Ruta graveolens).

Ein schöner Gegensatz sind die mächtigen Rhabarber-Blätter vor den fragilen Blüten der Wicken, die sich durch den Zaun ranken. Sie sind auch schöne Schnittblumen.

Alte Obstbäume wie dieser gelbe Pflaumenbaum setzen markante Blickpunkte im großen Klostergarten, durch den ein geometrisches Wegenetz nach klassischem Vorbild führt.

Tipp

Schwester Christas Pflanzen-Jauche

Wiederholte Spritzungen mit einer Brühe aus Rhabarber-Blättern (1 Pfund Blätter in 3 Liter Wasser aufkochen, absieben, etwas abkühlen lassen) helfen vor allem bei schwarzen Läusen an Bohnen und Kirschen. Auch wirkungsvoll bei Läusen an Salat und Kohl.

Dschungelartiges Paradies: Der Klostergarten, in dem Zucchinipflanzen und Wogen von silbrig gelbem Römischen Wermut (Artemisia pontica) *ins Auge fallen.*

Mitte des 20. Jahrhunderts galten biologisches Gärtnern und Kompostieren als altmodisch, modern waren Chemiedünger und Unkrautvernichtungsmittel. Doch die Fuldaer Nonnen besannen sich auf Bewährtes. Dazu gehörte, die Schöpfung im Einklang mit der Natur zu bewahren. „Ausgangspunkt ist ein gesunder Boden mit entsprechender Kompostwirtschaft", erzählt Schwester Christa, die das Vermächtnis ihrer Vorgängerinnen, die Pionierarbeit beim biologischen Gärtnern leisteten, fortsetzt. In Fulda wird seitdem auf harmonischen Dreiklang von humusreicher Bodenkultur, harmonischen Pflanzenfamilien und natürlichen Düngern geachtet.

Der Boden ist dabei das im wahrsten Sinne wichtigste Fundament. Die ersten zehn Zentimeter seien die aktivste Schicht, „deshalb wird in unserem Garten auch nicht gegraben". Vielleicht kommt man in einem Klostergarten schon aus Ehrfurcht vor der Schöpfung zum Bio-Gärtnern. „Der Boden ist kostbare und hochsensible Grundlage für Pflanzen, Menschen und Tiere, er muss geschützt und lebendig erhalten werden", erklärt Schwester Christa. „Der Kreislauf von Pflanze und Boden wird durch Kompostieren aller organischen Abfälle wieder geschlossen. Damit entsteht in einem natürlichen Prozess durch Zersetzung und Umwandlung von Pflanzenresten erneut fruchtbare Humuserde."

„Nirgends ist man dem Herzen Gottes so nahe wie in einem Garten."

Kompost, das braune Gold, spielt im Klostergarten eine enorme Rolle. In der hintersten Ecke lagern gleich mehrere große Haufen. „Reifer Kompost kann überall im Garten eingesetzt werden", empfiehlt die Gärtnerin. „Man arbeitet ihn nicht tiefer als 15 cm mit dem Karst oder Kultivator in den Boden ein." Gut ist ergänzendes Düngen mit Pflanzenjauchen: „Sie haben pflanzlichen Ursprung, besitzen daher alle für die Pflanzen wichtigen Nährstoffe und Spurenelemente". Die so erzielte Ernte wandert in die Klosterküche, welche derzeit 29 Nonnen beköstigt.

Der Begriff „biologisch" sei heute in aller Munde, doch es gehöre mehr dazu als eine Anbauweise ohne synthetisch hergestellte Pflanzenschutz- und Düngemittel. „Wer biologisch wirtschaftet, versucht das vielfältige Leben in seinem Garten zu schützen und zu fördern", erläutert die umsichtige Gärtnerin. Um den wertvollen Boden nicht auszulaugen und Bodenmüdigkeit vorzubeugen, wird auf die altbewährten Methoden von Fruchtfolge und Mischkulturen gesetzt. Obendrein erschwere ein gemischter Bestand Schädlingen die Wanderung von Pflanze zu Pflanze: „Da jede Pflanze eigene Duftstoffe ausscheidet, entsteht ein Duftgemisch, das die Schädlinge verwirrt".

Eine Führung mit Schwester Christa durch ihr Reich hinterlässt bleibenden Eindruck. Bescheiden und kenntnisreich beantwortet sie die vielen Fragen der Besucher. Nach einer Stunde schwirrt einem der Kopf, man ist zutiefst beeindruckt von ihrem Wissen und dem Kosmos Klostergarten.

Gartendaten

Klostergarten Fulda
Lage: Stadtmitte Fulda, Hessen
Besitzer: Benediktinerinnenabtei zur Heiligen Maria
Grösse: 2000 qm
Baujahr: Gründung des Klosters 1626, in der heutigen Form seit 2005
Planung: Schwester Agatha Krischer (gest. 2013), Schwester Christa Weinrich
Besonderheiten: Während der Gartensaison von Mitte Mai bis Mitte September steht der Klostergarten samstags von 14 bis 16 Uhr Besuchern offen. An einigen Samstagen gibt es persönliche Führungen mit Schwester Christa.

Ein großer Teil des in Mischkultur angebauten Gemüse – wie die Schlangengurken – wird frisch für die Mahlzeiten in der Klosterküche verarbeitet. Der Rainfarn (Tanacetum vulgare) *mit seinen gelben Blütenköpfchen ist eine alte Heilpflanze und wird als Brühe oder Tee auch gegen Ungeziefer eingesetzt (rechts).*

Frau Bauers Faible für die Walnuss

Im ehemaligen Grenzgebiet zwischen Thüringen und Hessen, wo sich noch immer Fuchs und Hase „Gute Nacht“ sagen, weckte Kristina Bauer ein altes Gehöft aus dem Dornröschenschlaf. Ein üppiger Bauerngarten wurde aus dem Nichts gezaubert – heimlicher Star ist ein alter Walnussbaum.

„Die Vielfalt von Schmackhaftem in unserem Land darf nicht verloren gehen."

Das hier ist wie ein Sechser im Lotto", strahlt Kristina Bauer. Man kann der 56-Jährigen nur zustimmen. ‚Das hier' umschreibt einen über 200 Jahre alten Vierseithof in frisch renoviertem Fachwerk mit Nebengebäuden, Bauerngarten, Wiesen und Weiden. Das Gehöft liegt auf einer Anhöhe inmitten der sanft hügeligen Landschaft des Werra-Tales im Zentrum des einstigen Niemandslands zwischen Hessen und Thüringen – die ehemalige DDR-Grenze ist 50 Meter entfernt. Sickenberg (13 Einwohner!) gehört zum Dorf Asbach mit 100 Einwohnern.

Auf der Suche nach dem „Traum auf dem Land" entdeckte Kristina Bauer das Anwesen 2003, da stand es seit drei Jahren leer. Sie verliebte sich auf Anhieb und wusste: Hier konnte sie ökologische Landwirtschaft und Tourismus ideal verknüpfen. Sie erstand das desolate Haus, renovierte es mit viel Tatkraft, wofür sie 2010 mit dem thüringischen Denkmalschutzpreis belohnt wurde, und legte einen großen Nutzgarten an. Im selbst entworfenen Küchengarten gedeiht alles an Obst und Gemüse, was sich im althergebrachten Bauerngarten findet. Er geht unmerklich über in wildromantische Landschaft, in der Schafe weiden, Streuobst- und Wildkräuterwiesen und Getreideäcker.

Köstliches Erbe der alten Streuobstwiese: Äpfel der Sorte 'Goldparmäne' *(im Korb) und dahinter der robuste* 'Altländer Pfannkuchen'.

Der majestätische Walnussbaum ist das Markenzeichen des 200 Jahre alten Hofes Sickenberg. Mit der Renovierung wurde auch ein typischer Bauerngarten neu angelegt, in dem Blumen und Gemüse-Klassiker in fröhlichem farbigen Mix gedeihen.

Vielseitige Gaumen-Genüsse spenden die Kerne der Früchte des Echten Walnuss-Baumes (Juglans regia). *Dazu sind Walnüsse sehr gesund, unter allen Nussfrüchten liefern sie den höchsten Gehalt an herzstärkenden Omega-3-Fettsäuren.*

Ihre reiche Ernte teilt die Hofbesitzerin mit Pensionsgästen und Besuchern ihres am Wochenende geöffneten Hof-Cafés. Die werden mit gesunden Leckereien verwöhnt, alles ist biologisch angebaut und von BIOLAND zertifiziert. Regionales und Saisonales bestimmt die Speisekarte. „Wir haben so viel Schmackhaftes in unserem Land, eine derartige Vielfalt darf nicht verloren gehen", appelliert die diplomierte Agrar-Ingenieurin, „auf Litchies und Mangos kann ich verzichten". Stattdessen verlocken ihre selbstgebackenen Kuchen mit der aromatischen Fülle heimischer Beeren wie Johannis- und Stachelbeeren, Himbeeren, Erdbeeren, dazu Rhabarber und später Äpfel.

Der Clou aber ist die Walnuss-Torte. Die Nüsse dafür liefern vier große und zwei kleine Walnussbäume. Hauptdarsteller ist ein über 60 Jahre altes Pracht-Exemplar, das mit seiner ausladenden schattenspendenden Krone das Bild des Hof-Ensembles prägt.

Kristina Bauers Spezialität

Sickenberger Walnusskuchen

Mürbeteig:
250 g Butter
150 g Zucker
2 Eier
1 Päckchen Backpulver
1 Päckchen Vanillezucker
500g Weizenmehl Mehl Type 550

Füllung:
250 g Zucker
2 EL Honig
300 g Walnüsse
1 Becher Sahne

- Den klassischen Mürbeteig zubereiten, etwa die Hälfte des Teiges als Boden und Rand in eine Springform (28 cm) legen, aus dem Rest den Deckel vorbereiten.
- Für die Füllung Zucker und Honig karamellisieren, zerkleinerte Walnüsse mit anrösten, mit Sahne ablöschen und die Masse auf den Mürbeteig gießen.
- Deckel auflegen und mit Sahne einstreichen. Bei 160 Grad (Umluft) 30 bis 35 Minuten backen.

Gartendaten

Bauerngarten
Lage: Hof Sickenberg, Asbach/Sickenberg, Thüringen
Besitzerin: Kristina Bauer
Grösse: 5000 qm Hof mit Garten und Streuobstwiese, dazu 7,5 ha Ackerland mit Roggen, Weizen, Dinkel; alles von BIOLAND zertifiziert
Baujahr: Vierseithof von 1806, Renovierung und Anlage des Gartens ab 2003
Plan: von der Besitzerin entworfen
Besonderheiten: Pension mit vier Zimmern; am Wochenende Café; Kurse rund um das Thema Garten, Backen, Kochen; jeden Herbst ein „Walnusstag".

Von der Agrar-Ingenieurin zur bodenständigen und begeisterten Bio-Landwirtin: Für Kristina Bauer ist ihr Bauernhof die Erfüllung eines Lebenstraumes, den sie ganz allein verwirklichte.

Zur Walnuss-Ernte im Herbst ist die Rundbank ein begehrter Platz. Walnüsse sind von Mythen und Aberglauben umgeben. Im alten Rom und später bei den Germanen galten sie als Symbol für Fruchtbarkeit.

Der denkmalgeschützte Bauernhof liegt auf der Kuppe eines Hügels im Werra-Tal. Er ist zu neuem Leben erwacht und die alten Obstbäume überstanden unbeschadet die Zeitläufe und liefern wie einst reichen Ertrag.

2008 inspirierte die Walnuss als „Baum des Jahres" zum ersten Walnuss-Fest und die Neu-Bäuerin entdeckte die mannigfaltigen Verwendungszwecke. „Neben Kulinarischem wie Torte, Parfait, Likör oder Pesto kann man Blätter und Schalen zum Färben von Wolle nutzen, die hauchdünnen Schalen im Inneren spenden herzstärkenden Tee, aus dem Holz lassen sich tolle Gegenstände arbeiten", zählt sie begeistert auf.

Durch die traditionelle Fruchtfolge und den Verzicht auf Monokultur gibt es wenig Probleme mit Schnecken, Schädlingen und Unkraut im Garten. Das Wissen um „gute und schlechte Nachbarn" ist ebenso wichtig: „Ich pflanze Kartoffeln und Puffbohnen zusammen, weil die sich gegenseitig mit ihren Knöllchenwurzeln den notwendigen Stickstoff liefern", erläutert sie. Wenn Ende Juli die erste Ernte vorbei ist, wird Grünkohl mit Lauch ins Beet gesetzt, „das ergänzt sich schön in der Wuchsform und man kann es gemeinsam ernten". Auch Möhren und Lauch bilden ein gutes Duett, zwischen Bohnen setzt sie kleine Kohlpflanzen, „die profitieren nach der Bohnenernte vom Stickstoff der Bohnen".

Seit elf Jahren ist Kristina Bauer nun glückliche Bäuerin, Köchin, Bäckerin – einmal monatlich wird im alten Backhaus zum Brotbacken geladen – und Pensionswirtin in einem. Und sagt mit zufriedenem Lächeln: „Ich kann mir ein anderes Leben gar nicht mehr vorstellen!"

Barocke Pracht wie zu alten Zeiten

Die alte Benediktiner-Regel, das Schöne mit dem Nützlichen zu verbinden, ist in der ehemaligen Abtei Seligenstadt aufs Wunderbarste vereint: ein barocker Klostergarten wie aus dem Bilderbuch.

Hier ist die Bürgerstadt, dort hinter hohen Mauern die Klosterwelt. Ein schmaler Durchgang führt durch einen Torbogen, vorbei an Alter Abtei und Apotheke, dann steht man auf einer großen Terrasse. Und hält den Atem an: Vor der barocken Balustrade breitet sich ein überwältigendes Gartenparterre aus, ein bunt gesticktes Mosaik aus Kohl und Salatköpfen und sattem Blumenflor. Der Klostergarten Seligenstadt ist das Prachtexemplar eines barocken Küchengartens. Asketisch sollen die Benediktiner-Mönche früher gelebt haben? Hier wachsen Delikatessen, nach denen sich Gourmets und Sterne-Köche heute die Finger lecken. Allein der gigantische Kreis mit Artischocken, die stramm ihre faustgroßen Blütenstände der Sonne entgegenstrecken, ist eine Augenweide.

Ein reizvoller Hingucker ist die verblühte Echte Engelswurz (Angelica archangelica).

Vor der imposanten Einhard-Basilika erstreckt sich der Küchengarten des ehemaligen Klosters.

Artischocken – bis zur Revolution in französischen Adels-Gärten Symbol vornehmer Lebensart – in einem Klostergarten? „Oh ja, die gab es damals hier, es ist eine sehr alte Kultur- und Heilpflanze und obendrein eine Zierblume", bekräftigt Uwe Krienke. Der Gärtnermeister ist Leiter des Klostergartens Seligenstadt, der seit 1948 der Staatlichen Schlösser- und Gärtenverwaltung Hessen gehört. Als Krienke dort 1983 begann, gab es im ehemaligen Klostergarten „acht Rasenfelder, ein Wegekreuz und sonst nix!" Er konnte komplett neu anfangen und das einstige grüne Juwel nach einem detaillierten Kupferstich von 1712 und alten Pflanzlisten rekonstruieren.

Die gesamte Anlage basiert auf dem berühmten St. Galler Klosterplan. Der um 830 entstandene Entwurf für ein karolingisches Idealkloster enthielt auch das Schema für einen Nutzgarten. Nach diesem Vorbild entstand Kloster Seligenstadt, mit dem Nutzgarten im Osten. Trotz barocker Überformung blieb dessen Struktur erhalten. Der

Spalierobst in vertikaler und horizontaler Form – Palmette genannt – gibt es seit Mitte des 18. Jahrhunderts. Diese Form des Lattengerüstes eignet sich besonders für Äpfel und Birnen.

Die warmen satten Farben diverser Sorten Sonnenhut und Sonnenbraut vergolden die opulenten Sommer-Rabatten.

Wenn der Küchengarten zum Kunstwerk wird: Sommerflor, Gemüse, Kräuter und Obst vereinen sich zu einer grandiosen blühenden Sinfonie, garniert von Bordüren aus niedrigem Buchsbaum.

Garten lieferte den Mönchen in ihrer abgeschiedenen Klosterwelt mit dem Anbau eigener Lebensmittel weitgehende Autonomie. Mit fast tausendjähriger Geschichte gehört das ehemalige Benediktinerkloster zu den geschichtsträchtigsten des Landes. Im Jahr 828 von Einhard, dem Biographen Karls des Großen, gegründet, erlebte es Höhen und Tiefen, zahlreiche Kriegswirren und im 18. Jahrhundert seine letzte Blütezeit. 1803 wurde das Kloster säkularisiert.

Heute ist der Konventgarten fast so authentisch wiederhergestellt wie vor 300 Jahren. Von den acht Feldern sind zwei bepflanzt mit Gemüse, an dem sich schon im 18. Jahrhundert die Mönche labten: „Mohrrüben, Mangold, Sellerie, Lauch, Buschbohnen, verschiedene Kohlsorten, Rettich", zählt Krienke auf. Auf die einstigen Spargelfelder wird verzichtet, „zu aufwendig". Auch Kartoffeln, damals „Grundbirn" genannt, gibt es daher nicht mehr. „Wir bauen möglichst alte

Gemüsesorten an und waren damit Vorreiter bei der Rekonstruktion historischer Nutzgärten. Bunter Mangold war vor dreißig Jahren kaum bekannt". 10.000 Gemüsepflanzen werden in Seligenstadt jährlich kultiviert.

Eleganz erhalten die acht Kompartimente – auch jene mit Rasen – durch Rahmen aus kniehohem Buchsbaum. Innerhalb dieser grünen Bordüren mischen sich Gemüse, Sommerblumen, Kräuter, Hochstamm-Rosen und 350 malerische kleine Obstbäume zu einer opulenten, sinnlichen Melange aus Formen, Farben und Düften. „Bei den Blumen, 35.000 Stück pro Jahr, wächst alles, was es damals schon gab wie Löwenmäulchen und Studentenblume". Moderne Garten-Favoriten wie das Argentinische Eisenkraut (*Verbena bonariensis*) sucht man daher vergebens.

„Auch beim Obst bevorzugen wir Sorten aus dem 18. und 19. Jahrhundert, Vorbild war Villandry in Frankreich", erzählt Krienke. „Die Bäumchen sind ‚Scherben-Obst', sie wachsen in Ton-Töpfen. Eine Mode des 18. Jahrhunderts, beim großen Gala-Dinner wurden die Bäumchen auf die Tafel platziert und man konnte die Früchte direkt pflücken.". Heute bezieht Krienke alte Sorten, die speziell veredelt sind, damit ihr Wuchs klein bleibt. Der Chef-Gärtner sieht es als seine Aufgabe an, alte und aussterbende Kulturen zu erhalten.

Sie ist eine dekorative Schönheit im Beet und eine Delikatesse für Genießer, die Artischocke. Das Blütengemüse, einst Symbol des Adels für Wohlstand, wird in Seligenstadt seit Jahrhunderten angebaut. Im großen runden Beet wirken die hohen Stängel besonders imposant und lassen sich rundum bewundern.

Im Apothekergarten gedeihen über 200 Heilpflanzen. Dazu zählte früher auch der Echte Tabak (Nicotiana tabacum)*. Die einjährige hohe Staude ist mit rosa Blüten und süßlichem Duft aber auch einfach nur schöne Zierde mit „wow"-Effekt.*

Birne
Gräfin v. Paris

Gartendaten

Klostergarten Seligenstadt

Lage: Seligenstadt, Hessen

Gartenbesitzer: Verwaltung der Staatlichen Schlösser und Gärten Hessen

Grösse: Konventgarten 8000 qm, Apothekergarten 600 qm

Baujahr: ab Mitte der 1980er-Jahre Rekonstruktion nach barockem Vorbild

Planung: nach einem Kupferstich aus dem Jahr 1712

Besonderheiten: Der Klostergarten ist das ganze Jahr über bis zum Einbruch der Dunkelheit kostenfrei zugänglich.

Die Winterbirne 'Gräfin von Paris' *bringt Noblesse ins Beet. Der kleine Hochstamm erzeugt normale große Früchte, die ab Oktober geerntet werden können. Die Sorte entstand um 1884 in Frankreich.*

Auf der Sandsteinbalustrade (oben) amüsieren sich seit fast 300 Jahren neckische Putten, die Fruchtbarkeit und die Jahreszeiten symbolisieren.

Die zwei kreuzförmig angelegten Gemüsebeete sind eingefasst mit Monatserdbeeren und Ysop, einem Heilkraut, das mit seinem würzigen Aroma Bienen anlockt. Denn es gibt auch wieder Bienenstöcke, wie seit dem 13. Jahrhundert. Ein Grund mehr, warum hier konsequent biologisch angebaut wird. „Wir arbeiten mit Gründüngung, Pferdemist als Kompost, werten den sandigen Boden auf mit Horn- und Gesteinsmehl und Algenkalk, beachten die Fruchtfolge", verrät Krienke. Früher bestimmte der Rhythmus der Jahreszeiten den Speiseplan der Mönche. Eine Entwicklung, die heute viele Verbraucher wieder schätzen. Die Ernte des Klostergartens, im Hofladen verkauft, findet „reißenden Absatz". Manche Gartenbesucher „ernten" allerdings auf andere Art: „Vom Obst bleibt nicht alles übrig", nimmt Uwe Krienke den Mundraub gelassen.

Wie sehr über viele Jahrhunderte im Kloster der Garten geschätzt wurde, bezeugen die Frauengestalten Flora und Pomona, Sinnbilder für Gartenbaukultur und Obstbau, die eine Gartenpforte schmücken. Auf dem Weg zurück empfiehlt sich ein Gang durch den 1999 wiederhergestellten Apothekergarten mit über 200 Heilpflanzen. Zum Finale dann das Engelsgärtchen, ein mit Engel-Statuen geschmückter kleiner Ziergarten und dem Spruch eines Klostergärtners: „Die Gartenkunst hat mich sehr ergetzt, bis Gott ins Paradies mich setzt". Wer im paradiesischen Klostergarten von Seligenstadt war, kann das aus vollstem Herzen nachvollziehen.

Plädoyer für Kohl, Pastinake & Co.

Ausladende Kohlköpfe sind als Pretiosen zur Schau gestellt. Und wie dekorativ altes Gemüse im Beet sein kann, das entdeckt der Besucher bewundernd im Schau-Versuchsgarten für ökologischen Gemüsebau in Bamberg.

Mit stapelbaren mobilen Transportkisten entsteht im Handumdrehen ein bequemes Hochbeet, wie es beim „urban gardening" beliebt ist. Gemüse (von links nach rechts): Haferwurzel, Paprika, Thymian und Hirschhornsalat, im Hintergrund sprießt Sellerie.

Das ist Recycling: In temporären Beeten mit alten Säcken gedeihen Kartoffeln (links) und Tomaten (rechts). Stangenbohnen (Mitte) zieren jeden Garten. Schwarze Johannisbeeren der Sorte 'Bona' *(unten) sind besonders aromatisch.*

In diesem Garten erfasst einen der blanke Neid: gleichmäßig gewachsene Salate und ausladende Kohlköpfe – alles wie gemalt, kein einziges angeknabbertes oder welkes Blättchen! Gemüse, so perfekt, wie es sich jeder Gärtner erträumt und nur selten erreicht. Kein Wunder, hier gärtnern Profis. Der Gemüsebauversuchsbetrieb Bamberg gehört seit 2001 zur Bayerischen Landesanstalt für Wein- und Gartenbau. Hier wird in Feldversuchen ausprobiert, welche historischen und neuen Gemüsesorten für den Erwerbsanbau tauglich sind.

Und zwar ausschließlich im ökologischen Anbau und nach einer speziellen, gerade wieder in Mode kommenden Methode. „Wir experimentieren nach den Regeln von Gertrud Franck", erklärt Birgit Rascher, Betriebsleiterin für den Öko-Gemüsebau. Die „Pionierin für gesundes Gemüse durch Mischkultur" habe über Jahrzehnte aus der täglichen Gartenpraxis heraus an der kontinuierlichen Weiterentwicklung gearbeitet. „Das Prinzip ist eine Reihenmischkultur sich gut miteinander vertragender Gemüse, unterteilt nach Haupt-, Vor- und Nachkultur sowie Pflan-

Für Menschen eine Augenweide, für Bienen ein Paradies: die große Wiese aus Kriech-Thymian der Sorten Thymus praecox 'Minor' *und* 'Russetings' *sowie Thymus serpyllum,* 'Albus' *und* 'Coccineus'.

zen mit geringem Platzbedarf und rascher Entwicklung, die mehrmals geerntet werden können. Dann werden die Saaten im nächsten Jahr um genau eine Reihe verschoben". Dadurch ergibt sich automatisch die Fruchtfolge. Zweiter wichtiger Aspekt ist ständiges Mulchen der Wege zwischen den Saatreihen mit Frühspinat, Beinwell, Rasenschnitt oder Blattabfällen. „So hat man keine Plage mehr mit verfestigten Wegen", begründet die Gartenbau-Ingenieurin, „es entsteht eine ideale Flächenkompostierung".

Bei der Erhaltung alter Gemüse ist neben ausgefallenen Kohl-Sorten die Pastinake Favoritin: „Vor zwei Jahrzehnten fragte man, was das ist, heute gibt es zwanzig Sorten und vor allem die Engländer sind da toll innovativ", schwärmt Birgit Rascher, „man sollte sie unbedingt ausprobieren". Eine Rarität ist noch die seit der Antike bekannte Haferwurzel (*Tragopogon porrifolius*), ein der Schwarzwurzel ähnliches Wurzelgemüse. Als Delikatessen entdeckt werden gerade erneut Puffbohne und Rote Melde, „früher ein Notgemüse", erinnert die Fachfrau. Die in ganz Deutschland beliebte schmackhafte Kartoffel 'Bamberger Hörnla' darf inzwischen wieder als Saatgut gehandelt werden und das 'Teltower Rübchen', schon vom Geheimrat Goethe geschätzte alte Delikatesse aus dem Berliner Raum, wird ebenfalls gehegt. „Eigenes Gemüse ist die Entdeckung von Vielfalt, Qualität, Frische, intensivem Geschmack und obendrein: Gemüse ist wunderschön!" In Bamberg sieht's auch so aus.

Links oben: Der Butterkohl ist eine spezielle Wirsing-Sorte. Er wächst sehr dekorativ und locker. Geerntet wird von unten nach oben und am Ende der Kopf.

Links unten: Die Puffbohne, auch Sau- oder Dicke Bohne, hat auffällige Blüten. Sie landet jetzt sogar bei Sterne-Köchen auf den Tellern und enthält viel Vitamin C und Eiweiß.

Rechts oben: Die Vielfalt von Basilikum-Sorten ergibt im vorderen Beet ein farbenfrohes Muster, dahinter sind Versuchsbeete und Container mit klassischen Küchenkräutern.

Rechts Mitte: Sibirischer Kohl (Brassica napus var. pabularia) *hat auffällig gezahnte Blätter, wird wie Grünkohl angebaut, sollte aber vor dem ersten Frost geerntet werden.*

Rechts unten: Eine uralte Kulturpflanze ist die Mairübe, hier die Sorte 'Primavera', *die kleinste und zarteste aller Speiserüben.*

Gartendaten

SCHAU- UND VERSUCHSGARTEN
LAGE: Bamberg, Bayern
GRÖSSE: gesamt 6 Hektar, davon 3 Hektar Garten
BESITZER: Bayerische Landesanstalt für Weinbau und Gartenbau (LWG)
BAUJAHR: Gründung 1901, diverse Umbauten und Erweiterungen
PLANUNG: neuer Teil um die Gewächshäuser 2011, Landschaftsarchitekt Johannes Pitzer, LWG
BESONDERHEITEN: Vorträge, Seminare und spezielle Gruppen-Führungen durch die Schaugärten, private Besichtigung an allen Werktagen kostenfrei.

Delikatessen aus eigener Kultur

Auf seinem romantischen Apfelgut im Schwarzwald hat sich ein Paar mit Passion dem Erhalt des guten Geschmacks verschworen. Aus aromatischen Äpfeln, Obst, Beeren und Gemüse entstehen köstlich verfeinerte Genüsse.

Doppeltes Ernteglück schenken Zucchini: die frischen Blüten schmecken kurz angedünstet, das Gemüse ist vielfältigst verwendbar. Martina Meuth bietet „Zucchini pikant mit Estragon eingelegt“ als Spezialität an.

Im eigenen, biologischen Gemüsegarten gedeihen viele der Zutaten, die Martina Meuth und Bernd Neuner-Duttenhofer für ihre Kochkurse live und im Fernsehen verwenden. Ihre Ansprüche: Frische und Qualität auf höchstem Niveau.

Sinnliche Formen und verlockende Farben prägen auch diese erntefrischen Leckerbissen: Radieschen, Möhren und diverse Rübchen werden zu einfachen oder raffinierten Gerichten verarbeitet.

Sie sehen Essen nicht nur als Grundlage menschlichen Daseins, sondern als „eine täglich zu erbringende Kulturleistung". Martina Meuth und Bernd Neuner-Duttenhofer arbeiten mit Hingabe daran, die Menschen beim Essen wieder auf den (guten) Geschmack zu bringen. Dafür beackern die Slow-Food-Anhänger seit fast 30 Jahren das 1897 von Bernds Urgroßvater als Sommersitz erbaute Rittergut, das heute als „Duttenhofer'sches Apfelgut" deutschlandweit renommiert ist. Ein kulinarisches Paradies.

An steilen Hängen wachsen über 20 Apfelsorten, vor allem viele Historische: 'Berner Rosenapfel', 'Gravensteiner', 'Goldparmäne', 'Topaz', 'Pinova', 'Berlepsch', 'Cox Orange', 'Boskoop', 'Gloster' und der üppige 'Schweizer Glockenapfel'. Spaziert man mit Bernd durch die Baumreihen, wird man bei jeder Kostprobe angesteckt von seiner Begeisterung für das uralte Kulturgut Apfel und seine vielen Facetten. „Die 'Rubinette' ist der säurereichste Apfel, 'Delbarestivale' ist etwas mürbe, doch spritzig süßlich im Bukett." Er zeigt auf zwei neu angepflanzte, alte Sorten: „Die 'Ananasrenette' aus dem 19. Jahrhundert ist hocharomatisch und süß, die kleine 'Champagnerrenette' sehr apfelig mit hohem Säuregehalt, gut für Apfel-Sekt!" Er probiert gerne neue Sorten aus: „Die bringen uns auf neue Ideen und Rezepte. Generell gilt: Neue oder alte Sorte ist völlig wurscht – nur gut muss sie sein!"

Das Paar schätzt Bohnen in jeglicher Form. Uralter Küchenschatz ist die grün-violett gescheckte Stangenbohne 'Berner Landfrauen'. *Die reiche Ernte des Herbstes wird mit paradiesischem Panorama von der Terrasse genossen.*

MARTINAS SPEZIALITÄT

Lauwarme Apfeltarte

MÜRBETEIG

250 g Mehl
100 g Butter
70 g Zucker, 1 Prise Salz
1 Eigelb
1–2 EL saure Sahne

BELAG

5–6 mittelgroße Äpfel, fruchtig säuerliche Sorten wie 'Elstar', 'Rubinette' oder 'Boskoop'
1 Zitrone
60 g Walnüsse
80 g brauner Rohrzucker
1 EL Rosmarinnadeln
50 g Butter
1 bis 2 frische rote Chilischoten.

- Mürbteig kneten und zur Kugel geformt 30 Minuten kalt stellen. Teig zwischen 2 Folien dünn ausrollen, in die gut ausgefettete Form legen und rundum gut festdrücken.
- Äpfel schälen, vierteln, vom Kerngehäuse befreien und gleichmäßig dünne Scheiben hobeln. Sofort mit abgeriebener Zitronenschale und Zitronensaft vermischen.
- Walnüsse mit der Hälfte des Zuckers und Rosmarinnadeln mahlen, Mischung auf Teigboden verteilen. Darauf, gegenseitig überlappend, die Apfelscheiben verteilen, sodass ein schönes Muster entsteht.
- Restlichen Zucker mit sehr fein gewürfeltem Chili mischen, Oberfläche gleichmäßig damit bestreuen, Butterflöckchen verteilen.
- Bei 200 Grad (Heißluft) im vorgeheizten Backofen etwa 30 Minuten backen.

Das Rezept reicht für 4–6 Personen.

Früher seien mürbe Äpfel beliebt gewesen, heute wolle der Verbraucher knackige Äpfel. Überhaupt, der Verbraucher: „Der 'Gala', klein, rosig und knackig, ist nicht marktfähig, weil er zu klein ist. Und Äpfel mit Flecken oder Froststellen wollen die Leute nicht, es muss perfekt aussehen!" Anstatt perfekter Optik verwöhnt man auf dem Apfelgut lieber anspruchsvolle Gaumen. Da die Äpfel klimatisch nicht unter Idealbedingungen wachsen, müssen sie sich besonders anstrengen. Hohe Temperaturunterschiede zwischen Tag und Nacht erzeugen exakt jene fruchtigen, aromabildenden Substanzen. Dieses Klima intensiviert auch den Wohlgeschmack von Birnen, Mirabellen, Zwetschgen und den vielen Beeren, die im biologisch bewirtschafteten Küchengarten gedeihen.

Er ist Fundus und Labor für die Gemüse-Leidenschaft der beiden, Favoriten sind die in Folien- und Gewächshäusern gepäppelten Chilis und Tomaten. Den Chilis gilt Martinas Liebe, unter ihren 25 Sorten sind auch die „höllisch scharfen" 'Habanero' und 'Fatali'.

„Neue oder alte Sorte, das ist uns völlig wurscht – nur gut muss sie sein!“

Bernd überbietet seine Frau mit 30 Sorten Tomaten. „Die grünen Sorten 'Green Zebra' und 'Evergreen' haben wenig Säure und kommen in die grüne Tomatenessenz", verrät er.

Womit man bei der nächsten Passion des Paares ist: dem Verfeinern all der Schätze aus dem Garten. Die zwei Liebhaber guter Küche kochen längst hochprofessionell, aber nicht abgehoben. Im Fernsehen und daheim in Kursen, bei denen die Teilnehmer im Festsaal des Gutes dinieren dürfen. „Wir haben rund 80.000 Rezepte gesammelt", aber Martina ergänzt: „Ich koche meist aus dem Kopf!" Der Extrakt der vielen kulinarischen Entdeckungsreisen und Experimente sind 65 Bücher. Und all jene Delikatessen, die über das Internet oder direkt im urigen „Gutslädle" verkauft werden: Säfte, Weine, Brände und Essige aus Äpfeln, Konfitüren und Gelees aus Früchten, Sugos aus Tomaten, Pürres aus Chilis und Auberginen. Ein Paradies für Feinschmecker – und solche, die es werden wollen. Dass es mehr werden, daran arbeitet das Duo mit Elan weiter.

Gartendaten

Landhausgarten

Lage: Duttenhofer'sches Apfelgut, Sulz-Hopfau, Baden-Württemberg

Gartenbesitzer: Bernd Neuner-Duttenhofer und Martina Meuth

Grösse: 5,5 ha Obstplantagen, davon 1500 qm Küchengarten

Baujahr: Haus und Gelände 1897 vom Urgroßvater erbaut, ab 1985 von den Nachfahren verändert

Planung: Besitzer

Besonderheiten: Verkauf frischer Äpfel und eigener Produkte im „Gutslädle", Kochkurse.

Die Paradiesfrucht ist Gesundheit pur und mundet frisch vom Baum am besten. Viele Äpfel lassen sich auch lagern. Die Sorte 'Gala' ist klein, rosenrot und schmeckt sehr knackig – zum Reinbeißen!

Kleine Spindelbäume ersetzen die oft nur per Leiter zu erreichenden großen Bäume mit Krone. Das erleichtert Mitarbeiter Josef Fogel die Ernte: „Und man hat höhere Erträge."

Ein Reservat für Raritäten

In diesem Allgäuer Garten ist essen verboten. Klaus Lang pflanzt seine seltenen Schätze nur, um kostbares Saatgut zu erhalten – von nützlichen, schmackhaften, aber teils vom Aussterben bedrohten Sorten wie der Alpen-Linse, Einkorn oder Emmer.

Klaus Langs Raritäten-Reich betritt man durch einen Hopfen-Bogen. „Saatgut- und Erhaltungsgarten, Gemüse-, Heil-, Hexen- und Nutzpflanzen", kündet eine Tafel verheißungsvoll am Eingang.

Die schmucken Schildchen mit den deutschen und botanischen Bezeichnungen helfen Besuchern beim Erkennen der 600 Sorten.

Haben Sie Sojabohnen (*Glycine maxima*) in Ihrem Garten? Oder 'Heilig Bontje', eine weiße Buschbohne mit roter Monstranzzeichnung? Die Getreide Emmer und Buchweizen? Roten Malabarspinat (*Basella alba*), Erdmandel oder gar Yacon (*Polymnia sonchifolia*), ein dem Topinambur verwandtes Inka-Gemüse? Solche Kleinode wachsen in dieser botanischen Wunderkammer! Was auf den ersten Blick wie ein romantisch-chaotischer Dschungel wirkt, durch dessen blühendes Wirrwarr sich winzige Wege schlängeln, entpuppt sich bei näherem Hinsehen als Arche Noah für Kräuter und Nutzpflanzen.

Ihr Herr ist Klaus Lang. Im normalen Leben studierter Elektro-Techniker, packte ihn vor 20 Jahren über einen Kontakt mit dem Verein „Arche Noah" die Passion für historische Raritäten. „Die hatten Sachen, die kannte ich überhaupt nicht, lila Möhren oder der Baumspinat, kommt jetzt alles in Mode. Aber schon mein Opa war ein Gartenverrückter", sagt er und grinst beim Gang durch sein lebendiges Museum. Es ist nicht nur das typisch männliche Sammlergen, das ihn zu immer neuen essbaren Wertsachen anspornt: „Mein Antrieb ist das Erhalten. Da muss man sich entscheiden: Essen oder Saatgut ernten." Er entschied sich für letzteres und gewinnt aus seinen 600 Sorten inzwischen so viel biozertifiziertes Saatgut, dass er es verkauft.

„Sorten sind vom Aussterben bedroht, obwohl sie leicht anzubauen und sehr lecker sind!"

Denn alles gedeiht in biologischem Anbau. Sein Garten am Nordrand des Allgäus, in 650 Meter Höhe, hat fetten, feuchten Boden. „Windarme feuchte Tallage, kurze Sommer, Nachtfröste bis Mitte Juni und ab Mitte September schon wieder", beschreibt er die Voraussetzungen. Doch ein „Einwanderer" wie kanadischer Wildreis „ist trotz Frost rasant auf zwei Meter

Links oben: Schön und delikat ist der Erdbeerspinat (Blitum foliosum). *Die Blätter werden wie Spinat zubereitet, die Früchte besitzen leicht fruchtiges Aroma.*

Links Mitte: Linsen (Lens culinaris) *sind eine köstliche Beilage. Maximal zwei Stück wachsen in einer Schote, dafür gedeiht die Pflanze auch auf schlechtem Boden.*

Links unten: Darauf kommen nur Kenner, die bizarren Saatschoten sind von blühenden Radieschen, „sie schmecken knackig wie Spargel", sagt Klaus Lang.

Rechts oben: Aparte Blüte und cremeweiße Wurzeln hat die Pastinake (Pastinaca sativa). *Das fast vergessene, süß-aromatische Gemüse wird sogar von Sterne-Köchen neu entdeckt.*

Rechts unten: Buchweizen (Fagopyrum esculentum) *ist ein raschwüchsiger Gründünger, Futter und Körnerpflanze und sieht schlicht schön aus.*

Tipp

Klaus Langs Lieblingstomaten

'Old German': bis 500 g schwere gelbe Früchte, süßlich-aromatisch, von den Mennoiten aus den USA
'Helene': mittelgroße, rote, runde Früchte, sehr aromatisch, langer hoher Ertrag
'Green sausage': alte Buschtomate, längliche gestreifte Früchte wie Würstchen, dekorativ, milder Geschmack

gewachsen", staunt er über so manche Wunder der Natur. Kriterien für die Aufnahme in seine Sammlung sind „alt" und „nicht zugelassen" und damit „zum Aussterben verurteilt!" Dabei ist es wichtig, dass die Samen sortenrein bleiben. Im Vorjahr säte er drei Sorten gelbe Rüben, jede reifte für sich, doch während der Blüte gab es Bestäubung durch Wind und Insekten, „da gab's ein wildes Durcheinander!" Also pflanzt er nur eine Sorte oder spannt bei mehreren Sorten dünnmaschige Netze als Schutz.

Viel Ausgefallenes wächst da links und rechts, die gelbe Sonnenblume 'Black Eye' (*Helianthus annuus*), mit der die Hopi-Indianer ihre Kleidung färbten; die Gewürzpflanze Schabziger Klee (*Trigonella caerulea*) mit hellblauen Blüten; uralte Getreide wie Einkorn (*Triticum monococcum*) und der daraus mit Wildgräsern gekreuzte Emmer (*Triticum dicoccon*). Gerne würde man von der Einjährigen Schwarzbeere naschen – „Will niemand haben, dabei schmeckt sie köstlich", sagt Lang, guckt aber streng. „Manche alte Sorte ist vom Aussterben bedroht, obwohl sie ertragreich, leicht anzubauen und sehr schmackhaft ist!" Und was rankt da so elegant mit rosa-violetten Blüten? Die Erdbirne (*Apius*), deren essbare Knollen „leider fad' schmecken", bekennt der Raritäten-Sammler. Dafür sieht sie schön aus.

Besonders stolz ist er auf die nach Jahrzehnten wiederentdeckte nussig schmeckende Alpen-Linse (*Lens culinaris microsperma*). Die fast ausgestorbene Sorte

Die Reisetomate ist eine kuriose Rarität. Die einzelnen Fruchtkammern sind getrennt und können einzeln abgebrochen werden. Sie wurde schon in alten Zeiten von Indianern in Guatemala angebaut.

Mehr als sechzig alte Bohnensorten hütet Klaus Lang. Wie schön der Zufall von Mutter Natur sein kann, präsentiert dieses Potpourri mit vielen prachtvollen Farben und feinsten Nuancen.

Die faszinierende Welt von Saatgut zeigt sich in diesem Sortiment, das im Wintergarten zum Trocknen steht. Die flockig-weißen Samenstände im runden Korb sind von der Heilpflanze Mariendistel (Silybum marianum).

Gartendaten

SAATGUT-GARTEN
LAGE: Wolfegg, Baden-Württemberg
GARTENBESITZER: Klaus Lang
GRÖSSE: 1000 qm
BAUJAHR: 1993
PLANUNG: Besitzer
BESONDERHEITEN: Versand von biologischem Saatgut und auf Anfrage etwa zweistündige Garten-Führungen.

wurde vor Jahren in einer Genbank in St. Petersburg wiederentdeckt. „Ich war der Erste, der sie wieder anbaute. Es geht mir nicht nur ums erhalten, man muss die Raritäten auch finden!". Er fand die Linse. „Jetzt bauen sie auch Andere an". Die uralte Kulturpflanze Linse sei hier einst Nationalgericht gewesen, „dann kam sie als Arme-Leute-Gericht in Misskredit. Dabei ist sie toller Eiweißlieferant, die Ernte aber auch aufwändigste Manufaktur!" Lang ist Mitglied im Verein zur Erhaltung der Nutzpflanzenvielfalt (V.E.N.) und verstört den Besucher mit diesem bemerkenswerten Satz: „Weltweit gibt es noch 30.000 essbare Pflanzen, aber nur rund 150 ernähren 6 Milliarden Menschen!"

Um diese kostbare Vielfalt zu erhalten, ackert sich der passionierte Hobby-Saatgut-Experte gerne ab. Die ganze Familie wird zur Erntezeit mit eingespannt und die halbe Wohnung, zusätzlich zum speziellen Saatgut-Zimmer, zweckentfremdet. Vor allem der Wintergarten verwandelt sich dann als Trocken-Raum in einen magischen Ort: Überall stehen kleine Schälchen, Töpfchen, Schächtelchen, mit erstaunlichen, fremdartigen, bizarren Schätzen. Ist alles trocken genug – „das mache ich nach Gefühl", sagt Klaus Lang – wird es sortiert, beschriftet, sachgemäß gelagert und am Ende alles von Hand eingetütet.

Omas Erbe gedeiht weiter grandios

Auf ihrem Bergbauernhof hegt Cornelia Gast einen Garten nach dem Motto „klein, aber fein". Das Erbe der Großeltern, fast ein Museumsgarten, ist genau deswegen hochaktuell in seiner kunterbunten, naturnahen Mischung.

Waltenhofen ist ein winziger, über viele Hügel und Täler verteilter Weiler im Oberallgäu. Schmalste gewundene Sträßchen hoch hinauf, dunkler Tannenwald. Dann weitet sich die Landschaft zur Kulisse mit grandiosem Blick auf die Bergkette der Voralpen. Dieses Panorama auf 800 Meter Höhe genießt Cornelia Gast schon ihr ganzes Leben lang. Sie wohnt auf dem über 200 Jahre alten „Staigerhof", den sie vom Vater – und der von seinen Eltern – übernahm. Ihr Ehemann heiratete ein, arbeitet in einem anderen Beruf, „damit wir uns den Hof als ‚Hobby' leisten können", lächelt die Bauerntochter.

Die Aussicht ist herrlich, die Bedingungen nicht einfach: Der kleine alte Bauerngarten liegt auf über 800 Meter Höhe, der Boden ist schwer und steinig. Trotzdem ist ein winziges Eden entstanden.

Sieben Hektar Land, sieben Milchkühe der Rasse Allgäuer Braunvieh. Direkt vorm Haus liegt ein winziges Gärtchen, gerade mal 80 qm groß. Ein dreidimensionales farbenfrohes Gemälde. Darüber schwebt eine süße Duftwolke von vielfarbigem Phlox, der durch die verwitterten Holzstaketen quillt. „Der Garten schaut seit 100 Jahren fast unverändert aus", versichert seine Besitzerin stolz. Sie erntet die Klassiker ihrer Großeltern: Salate, Rüben, Zwiebeln, Lauch, Zucchini, Kohlrabi. Unverzichtbar ist Meerrettich, „der stärkt das Immunsystem." Möhren sind die schnellste Delikatesse: „Rausziehen, säubern, essen – so was Tolles!" Die große Vielfalt im kleinen Rechteck ist erstaunlich.

Etwas des kostbaren Platzes wird für Kartoffeln geopfert. „Seit ich 'Bamberger Hörnchen' geschenkt bekam, bin ich ganz verliebt in diesen Geschmack!" Viele Kräuter, deren heilsame Wirkung die Landfrau bestens kennt, ersparen ihr den Weg in die weit entfernte Apotheke. „Ich gehe jeden Morgen durch meinen Garten und pflücke frische Kräuter"; was nicht gleich im Topf landet, wird als Tee genutzt. „Und hier mal was Modernes", lachend zeigt Cornelia Gast auf Cola-Kraut (*Artemisia procera*), ein Geschenk vom Ehemann. „Am wundervollsten ist es, wenn

Gartendaten

Bergbauerngarten
Lage: Waltenhofen, Bayern
Gartenbesitzer: Cornelia Gast und ihre Familie
Grösse: 80 qm
Baujahr: vor über 100 Jahren
Planung: Vorfahren der heutigen Besitzer
Besonderheiten: Es gibt eine Ferienwohnung zum Mieten.

Für Cornelia Gast ist ihr ererbter Bauernhof Heimat und Urlaubsort zugleich. Auch wenn es harte Arbeit ist. Selbst die Hühner sind glücklich, weil frei laufend – ein Zaun hält sie vom Gärtlein ab.

Ein Bergbauernhof wie aus dem Bilderbuch. Üppige Geranien gehören dazu und das Allgäuer Braunvieh, das wohltönend seine Glocken bimmeln lässt. Vom Garten ins Haus sind es nur wenige Schritte.

Spitzwegerich ist in diesem Garten kein Unkraut. Im Gegenteil, er wird gehegt, denn Cornelia Gast kennt sich aus mit Kräutern und Heilpflanzen, schätzt ihn wegen seiner antibiotischen Wirkung.

nach der Schneeschmelze endlich Schnittlauch und Brennnesseln sprießen, das erste Grün", schwärmt sie. Auch Erdbeeren gedeihen, eine unbekannte Sorte noch von der Mutter: „Die schönste, weil allererste Schlemmerei". Der kunterbunte Mix aus Blumen, Kräutern und Gemüse hat Gründe: „Monokultur tut dem Garten nicht gut, das Durcheinander ist gesünder für alle Pflanzen, stärkt sie und sieht einfach hübscher aus", bringt sie das Wissen ihrer Vorfahren auf den Punkt.

Die Fülle an Gemüse, Kräutern und Obst, die sie dem Fleckchen Land abtrotzt, ist eine besondere Leistung. Denn der Boden ist schwer, lehmig und obendrein sehr steinig. In dieser Höhe herrscht raues Klima, die Winter sind lang und streng, die Sommer kurz und heiß. Trotzdem gedeihen seit Jahrzehnten auf der Streuobstwiese Kirschen, Birnen, Zwetschgen, Mirabellen und Reneclauden.

Mit einem Glas frischer Kuhmilch und Käsehappen genießen wir die Sonne auf der Bank vorm Haus. Da packt mich die Besitzerin dieses Idylls (in dem schwer geschuftet werden muss) sachte am Arm, zeigt in den azurblauen Himmel: „Da war gerade eine herrliche Wolke!" Urlaub? Mein Gegenüber schaut mich groß an: „Wir leben doch da, wo andere Urlaub machen. Hier ist es so schön – man muss es nur sehen können". Frau Gast hat eben diese Gabe.

Die Kunst des Paradieses

Ein charmantes Märchenreich hat sich eine Gärtnerin in Oberösterreich erschaffen. Nostalgisch und nützlich, verspielt und mit Tiefgang. Neben Gemüse und Blumen blühen Pflanzen, die schon Hildegard von Bingen empfahl.

Eier

Die englischen Sussex-Hühner „Lady Gaga“ und „Miss Chickendale“ leben in einem rustikalen Stadel. „Sie werden nie im Topf landen“, sagt Anna Rebhan, „legen braune Eier und ihr Mist wertet den Kompost auf“.

Nostalgische Stillleben wie diese Kirschen in einer Sauciere inszeniert Anna Rebhan mit Vorliebe. Daher wogen auch üppige farbenfrohe Blumen durch die Gemüsebeete.

Anna Rebhan hatte Glück: sie suchte einen Mann mit Garten, um ihre Sehnsucht nach buddeln und pflanzen, ernten und gestalten zu erfüllen. Vor 16 Jahren fand sie den richtigen Partner und heiratete „ein“ in ein Haus mit großem Garten. Hier konnte sie sich im wahrsten Sinne austoben. Im Einklang mit der Schwiegermutter, die mit Rat und Tat beiseite steht. Es fing an mit einem kleinen Kräuterbeet im Küchengarten. Der Gemüsegarten war schon größtenteils da, jetzt wird er von beiden verfeinert. Im fetten schweren Lehmboden – „bis auf Kartoffeln ideal für alle Gemüsesorten“, freut sich die Gärtnerin – wachsen Karotten, Zwiebeln, Salate, Mangold, Broccoli, Blumenkohl, Kohlrabi und Spinat. Auf Kohl und Topinambur wurde wieder verzichtet, „braucht zu viel Platz“, lacht Anna Rebhan. Stattdessen warten im Glashaus viele Tomatensorten und Paprika auf lukullische Verwertung.

Und in einem richtigen österreichischen Küchengarten darf die Spezialität Fisolen, Buschbohnen, nicht fehlen. Lieblingssorte ist die butterzarte ‘Ferrari’, daraus wird ein „Fisolen-Gulasch“ gezaubert, „als hochwertiger Eiweiß-Lieferant ein guter Fleisch-Ersatz“, empfiehlt die Gärtnerin. Wer einen Küchengarten hat, der wird auch automatisch zum Kochen animiert. „Was uns der Garten morgens schenkt, das landet mittags und abends auf dem Teller“, die leidenschaftliche Köchin lässt sich täglich inspirieren von der Ernte aus dem eigenen Eden. „Es macht mir sehr große Freude“, erzählt sie beim Spaziergang durch ihr romantisches Reich, das hinter jeder verträumten Ecke mit Rosen (über 200 Sorten) und vielen originellen Ideen überrascht.

Gartendaten

Bauern-Kräutergarten

Lage: Gaspoltshofen, Oberösterreich, Österreich
Gartenbesitzer: Anna Rebhan und Familie
Grösse: 2000 qm gesamt, davon 1000 qm Gemüsegarten
Baujahr: Mitte der 1950er-Jahre, ab 1997 umgestaltet
Planung: Familie Rebhan
Besonderheiten: Hildegard-von-Bingen-Garten, Gartenbesichtigungen nach Vereinbarung.

Die Streuobstwiese mit 25 Bäumen alter Obstsorten wird im Frühjahr mit Tulpen und Narzissen in ein impressionistisches Gemälde verwandelt. Pfirsiche und Äpfel liefern reiche Ernte.

Das Hühner-Pärchen darf überall durch den Garten spazieren und ist weder menschen- noch kamerascheu, dafür sehr fotogen.

„Was uns der Garten am Morgen schenkt, das ist mittags und abends auf dem Teller.“

Die Ungewöhnlichste ist der Kräutergarten. Angefangen hat alles mit einem Gartenbesuch von Nonnen während der Rosenblüte. Die bedankten sich mit einer Madonnen-Statue. Das inspirierte die Gärtnerin zum Bau einer kleinen Kapelle und um dieses „Marterl" legte sie halbkreisförmige Beete voller Kräuter und Heilpflanzen. Zu Ehren der berühmten Hildegard von Bingen wachsen nun viele der Pflanzen, welche die Ordensfrau damals schätzte, hier: Buchs, Frauenmantel, Minze, Arnika und der entzündungshemmende Rainfarn, das Warzenmittel Schöllkraut (*Chelidonium majus*), Knoblauch, Beinwell, Estragon, das die Stimmung aufhellende Johanniskraut, der schleimlösende Alant (*Inula helenium*) mit seinen gelben Blüten – die Liste ist lang und das Wissen von Anna Rebhan über Herkunft und Anwendung ihrer Pflanzen imponierend. Baldrian steht hier übrigens nicht als Medizinpflanze, sondern „weil sie so schön ist", die Gärtnerin deutet auf die fragilen weißen Blütenteller. Ihr Anspruch an Schönheit zieht sich durch alle Bereiche des Gartens, der Gourmettempel, Ruheoase und Energiequelle für sie und ihre Familie ist.

Beet und Bett bei Lukullus

Die Gäste dürfen Äpfel und Beeren naschen, mit vielfältigen Kräutern aus dem Hotelgarten verfeinert Star-Koch Johann Papst seine regionale Küche. In diesem steirischen Hotel ist Frisches aus der Natur Programm.

Storchschnabel untermalt die Schönheit des Muskateller-Salbeis (links).
Küchenchef Johann Pabst bei der Ernte von frischem Waldmeister, den er für Sirup oder seine berühmten Kräuter-Pralinen verwendet.

Der Morgenspaziergang durch den Garten-Spa führt an der Wildkräuterwiese vorbei, einmal den Pfad mit Apfelbäumen und an bunten Beeten entlang in Richtung Kräutergarten. Da duftet es so aromatisch, dass man sich zwangsläufig zum Schnuppern bückt. „Hier die Mojito-Minze, da vorne Rotblättriger Salbei, Currykraut passt toll zu Lamm, Bohnenkraut geht gut zu Hirsch, Kümmel-Thymian begleitet gerne Schweinefilet, Steinpilz-Thymian verfeinert Schwammerln", erklärt Johann Papst seine lukullischen Finessen. „Der menschliche Gaumen ist sehr neugierig und durch Kräuter wird er verändert", ist seine Überzeugung.

Seit Eröffnung des Hotels 1992 kocht Papst im „Steirerhof", seit 2000 ist er Küchenchef mit besonderer Ambition. Als Verfechter einer gesunden Naturküche, „steirisch-mediterran", sagt er, sind frische Kräuter für ihn unverzichtbar. Die Gestaltung des Kräuter-Paradieses 2009 ist vom österreichischen „Agrar-Rebellen" Sepp Holzer. Der ist vehementer Verfechter der Permakultur, einem speziellen Kreislauf von Pflanzen, die sich natürlich ergänzen und Symbiosen bilden. Der Garten ist in sechs Zonen unterteilt. Unter schattiger Hängeweide gedeihen Waldmeister, Estragon, Gewürzstrauch (*Calycanthus floridus*), Heckenzwiebeln und Seifenkraut, ihren Sonnenplatz genießen Anis, Ysop, Arznei-Sonnenhut, Beerenfrüchte und Ebereschen. Ein eigenes Reich gehört der Minze mit über dreißig Sorten, ein Areal ist mit Kräutern und Heilpflanzen nach Hildegard von Bingen bestückt, eine Herzenssache von Hotel-Direktorin Gunda Unterweger. Auf dem Brunnen-Hügel wachsen

JOHANN PAPST EMPFIEHLT

Gesulztes Kernöl mit Vanille

- 12,5 g Glukose
- 1 Vanilleschote
- 2 Gelatineblätter
- 50 g Wasser
- 50 g Isomalt (Microzucker)
- 100 ml Kürbiskernöl
- 1 Tl. Vitamin C
- 100 g Kristallzucker
- 100 g geröstete geschrotete Kürbiskerne

Wasser, Glukose und Isomalt in Topf geben, bei 90° Grad für etwa 15 Minuten unter ständigem Rühren erhitzen, bis sich alles auflöst. Mischung im Standmixer aufmixen, in dünnem Strahl Kernöl hinzufügen, bis sich warme, homogene Masse ergibt. Vanilleschote der Länge nach öffnen, Vanillemark herauskratzen und unter die Mischung rühren. Das Ganze durch ein Sieb passieren und die zuvor eingeweichten Gelatineblätter in noch warmer Kernölmischung auflösen. In eine mit Öl ausgestrichene rechteckige Form (11x20 cm) füllen, im Kühlschrank gelieren lassen.

Zum Fertigstellen mit kleinem Küchenmessers und breitem Heber die Ölmasse aus der Form auf ein Schneidebrett geben. Rechtecke von 6 x 1,5 cm schneiden.

Den Zucker mit dem Vitamin C vermischen und die Masse darin wälzen. Auf einen Teller setzen und mit Kürbiskernen bestreuen.

Gartendaten

Gourmet-Garten
Lage: Hotel & Spa „Der Steirerhof", Bad Waltersdorf, Steiermark, Österreich
Gartenbesitzer: Gunda und Werner Unterweger (geschäftsführende Gesellschafter)
Grösse: 60.000 qm Naturgarten, davon 30.000 qm Garten-SPA, seit 2009 mit Kräutergarten nach Holzer'scher Perma-Kultur
Baujahr: Hotelanlage 1992, Garten-Spa mit Kräuter-Paradies 2009 und Erweiterungen wie Hildegard-von-Bingen-Garten 2010
Besonderheiten: Kräuterführungen für Gäste.

Hotel-Direktorin Gunda Unterweger ist stolz auf die delikaten Äpfel im Garten-Spa, darunter etliche alte regionale Spezialitäten.

Lavendel gehört zum klassischen Kräutergarten. Er verfeinert diverse Gerichte, ist Grundlage für Tees und die Spezialität im „Steirerhof", eine Kräuterpraline von Küchenchef Johann Papst.

Die dekorative Mariendistel (Silybum marianum) *fällt auf mit gezackten, weiß geäderten Blättern und einer gefiederten Blüte in kräftigem Violett. Sie gilt als Heilpflanze bei Leberschäden. Blasslila Blüten kennzeichnen diesen Scheinsonnenhut* (Echinacea pallida)*, der auch Prärie-Igelkopf genannt wird und eine alte Heilpflanze ist.*

traditionelle Küchen-Kräuter. Insgesamt sind es 230 Kräuter, die Papst ständig neu inspirieren: „Als Koch muss man immer Neues entdecken – doch manchmal ist es das Alte!“

Kräuter-Künstler Papst ist ein Kind der Ost-Steiermark und man spürt die tief verwurzelte Liebe zur Heimat, in die er nach etlichen Wanderjahren zurückkehrte. „Hier ist die steirische Toskana “, sagt er stolz und zeigt ausladend auf die sanft geschwungenen grünen Hügel, „und der Obstgarten Österreichs“. Daher wachsen den Gästen auf dem hoteleigenen Apfel-Lehrpfad die köstlichsten Äpfel quasi in den Mund: „Sie dürfen nicht nur, sie sollen pflücken!“ lacht der Chefkoch. Beispielsweise der ‘Maschansker’, ein Ur-Apfel der Steiermark mit „tollem Aroma und sehr hohem Vitamin-C-Gehalt“. Ein idealer Winterapfel ist die kleine süße Kugel obendrein – einfach köstlich.

Eigene Ernte ist die beste Medizin

Ihr Garten ist für Familie Riedl ein Ort der Harmonie, der Kraft spendet. Und besondere Energie schöpft sie aus der Ernte des biologisch bebauten Gemüsegartens. Denn gesunde Ernährung ist für sie ein wichtiges Lebens-Elixier.

Tipp

TAGLILIEN SIND VIELSEITIG VERWENDBAR

KALTE VORSPEISE: Taglilienblüten gefüllt mit pikantem Kräuter-Frischkäse.
HAUPTGERICHT: Scharfe Wokpfanne mit anderem frischen Gemüse und angebratenen Fisch- oder Fleischstreifen.
DESSERT: Zitronensorbet oder Vanilleeis in Taglilienblüte garniert mit Beeren der Saison oder scharfes Chili-Taglilien-gelee, das perfekt zu Käse und Pasteten passt.

Hinter der schützenden Liguster-Hecke liegt der Nutzgarten, streng formal gestaltet. Im Zentrum ist ein mit Küchenkräutern gefülltes Buchsbaum-Karee, bewacht von der schmalgliedrigen Statue „Gartenfee" von einer befreundeten Bildhauerin.

Der einjährige Borretsch (Borago officinalis) *spendet unermüdlich seine sternförmigen himmelblauen Blüten.*

Der scharf-aromatische Meerrettich ist eine beliebte und gesunde Zutat. Er vermehrt sich durch Wurzelausläufer. Seine tiefen Pfahlwurzeln kann Roswitha Riedl nur mit dem Spaten ausgraben.

Alle unterschiedlichen Gartenzimmer von Roswitha und Franz Riedl sind rund, geschwungen, amorph gestaltet. Bis auf eines, hinter einer hohen Liguster-Hecke verborgen. Nach dem Gang durch eine schmale rosenberankte Pforte öffnet sich überraschend ein kleiner quadratischer (11 mal 11 Meter) Gemüsegarten. „Meine behütete Schatzkammer", sagt Roswitha Riedl. Die hat sie, wie den gesamten Garten, ausgependelt. Seit vielen Jahren befasst sie sich, auch beruflich, mit Kraftorten, Geomantie und Esoterik. Ihr Nutzgarten ist wie ein klassischer Bauerngarten angelegt und doch anders. „Ich studierte viele Bücher über historische Küchen- und Klostergärten, wollte aber nicht pure Nachahmung, sondern etwas mit moderner Anmutung".

Drei Bedingungen musste der Küchengarten erfüllen: er musste sauber, pflegeleicht und klar strukturiert sein. Dafür waren Hochbeete ideal. Um ein mit Buchs gefasstes Quadrat im Zentrum gruppieren sich 12 rechteckige und quadratische Hochbeete. Alle selbstgebaut, aus unbehandeltem Lärchenholz. „Das gibt schöne silbergraue Patina", sagt die Gärtnerin. Basalt-Splitt zwischen den Beeten leitet Feuchtigkeit ab, die Schuhe bleiben sauber, „wir brauchen keine Gummistiefel", es gibt kaum Schnecken. Gleichzeitig wärmt sich der Splitt sommers schnell auf und strahlt die Energie an die Beete ab. Hochbeete auch deshalb, „damit wir es im Alter leichter haben", lacht die Frau, die vor Gesundheit und Kraft strotzt. Früher waren sie und ihr Mann viele Jahre lang krank. „Das hat uns für unsere Nahrung sensibilisiert".

Sie begannen mit neuem Haus, neuem Garten und biologisch angebauter Selbstversorgung. „Bis auf Kartoffeln – dafür ist nicht genug Platz – haben wir alles! Im Sommer muss ich nichts einkaufen", erzählt Roswitha Riedl stolz. Gepflanzt wird, was die vierköpfige Familie gerne isst: Karotten, Lauch, Zucchini, Paprika, Rote Rüben, Kohlrabi, Weißkohl, Buschbohnen, Erbsen und viel Meerrettich; Kren, wie das Gemüse mit der Pfahlwurzel hier heißt, „schön scharf, das ‚putzt' ordentlich durch", erklärt sie den medizinischen Aspekt. Die gerne Neues ausprobierende Köchin erntet und kocht, was die Jahreszeit gerade spendet und das ist immer reichlich für schmackhafte gesunde Gerichte.

Eine erlesene Delikatesse wächst jenseits des Gemüsegartens: Große Beete mit Taglilien (*Hemerocallis*) in überwältigendem Spektrum von Farben bilden ein üppiges Blütenmeer. Sie sind die Favoritin der naturverbundenen Pädagogin. Neben der reinen Augenweide wird mit der schönen Staude vielfach kulinarisch experimentiert. Ihr Garten, das ist für Familie Riedl „die Synergie von Pflanzen, Kreativität und der Liebe zur Natur, Balsam für die Seele. Und ein Ort der Harmonie, um Kraft zu tanken!"

Im „Harmonypoint", so haben Roswitha und Franz Riedl ihren Kraft-Platz getauft, geben sie in Kursen dieses Wissen weiter.

Gartendaten

LANDHAUSGARTEN
LAGE: Garten „Harmonypoint", Preding, Steiermark, Österreich
GARTENBESITZER: Roswitha und Franz Riedl
GRÖSSE: gesamter Garten 5000 qm, Küchengarten 120 qm
BAUJAHR: 2000
PLANUNG: von den Besitzern
BESONDERHEIT: Teilnahme an „Offene Gartentür", individuelle Gartenbesichtigungen nach Absprache, diverse Kurse.

Für heiße Sommertage mixt Roswitha Riedl ihren erfrischenden „Zaubertrank". Holunderblüten, Blüten der Apfelrose und Blätter von Apfelminze werden aufgegossen mit Zitrone, Kräutertee und Wasser.

Blüten und Sprossen der Taglilie inspirieren zu zahlreichen Delikatessen wie einer Marmelade.

Schatzkammer zum Verspeisen

Ein charmantes Paradies mitten in einem Dorf nahe Zürich. Sie sorgt für die Blumen, er zieht das Gemüse. Gegärtnert wird gemeinsam – im Einklang mit dem Mond.

Am Anfang war ein Buch, „Alte Bauerngärten in der Schweiz". „Das hat mich sehr inspiriert", erinnert sich Rita Flöss. Als sie vor 35 Jahren mit ihrem Mann Pieter den Garten anlegte, war da nur eine große Wiese. Die wurde tief umgepflügt und man konnte von Null beginnen. Auf 640 Meter Höhe, mit kalten Wintern und viel Schnee, aber gutem humusreichen Boden. Es sollte ein Garten nach barockem Vorbild sein, „so wie wohlhabende Bauern einst die Schlossgärten nachahmten, mit Gemüse und Blumen". Trotzdem wollte sie nicht nur kopieren, sondern etwas Eigenes schaffen.

Zur heiter-nostalgischen Atmosphäre des ländlichen Gartens passen die alten Küchen-Utensilien, die dekorativer Schmuck an der Fassade des über 250 Jahre alten Holzhauses sind.

Das ist ihr gelungen. Geometrische Beete, ein Kreis in der Mitte. Trotz formaler Aufteilung ist es ein anmutiger, opulenter Cottage-Garten. Blumen drängeln sich vorwitzig über die Wege, mäandern durch Gemüsereihen und verwandeln Beete in pointellistische farbige Gemälde. „Es ist etwas wild", lächelt Rita Flöss fast entschuldigend. Wenn sich blühende Schönheiten per Samen selbstständig machen, „dann lasse ich sie. Auch viele Einjährige suchen sich selbst ihren Platz, meist wird das schön". Nur der elegante Buchs fiel vor zwei Jahren der tückischen Buchs-Krankheit zum Opfer. „Jetzt sind die Beete mit alten Steinen gefasst, die wir auf den Äckern gesammelt haben", ist Rita stolz auf den kostenlosen regionalen Schmuck.

Gartendaten

COTTAGE-GARTEN
LAGE: Hittnau, Kanton Zürich, Schweiz
BESITZER: Rita und Pieter Flöss Hoitinga
GRÖSSE: 325 qm
BAUJAHR: seit 1978
ENTWURF: eigener Entwurf
BESONDERHEITEN: Beteiligung an der „Offene Gartenpforte Schweiz".

Für Rita Flöss ist es Freude und Genugtuung, selbst gezogenes Gemüse – hier Erbsen – pflückfrisch im Garten zu ernten. Ihr Mann bereitet daraus die köstlichsten Speisen: „Es schmeckt einfach alles", sagt Rita.

Lilien (links) und Scheinsonnenhüte (vorne): Die ganze Fülle sommerlicher Stauden entfaltet ihre Pracht. Sie vereint sich mit dem Gemüse zu einer liebevollen Hymne auf den Bauerngarten.

Für Tiere sind Haus und Garten ein Paradies. Die vielen Vögel, die dank entsprechender Stauden und Gehölze hier Zuhause sind, müssen sich allerdings vor dem neugierigen Katzen-Nachwuchs hüten.

Das Gemüse, mit dem sich das Paar fast komplett selbst versorgt, wird aus Samen gezogen. Es ist das Metier ihres Mannes. „So leidenschaftlich wie er Gemüse zieht, kocht er auch und das sehr gut. Ich muss mich nur noch hinsetzten und genießen", lacht sie. Kochen als Huldigung an die eigene Ernte. Genussvoll verspeist werden diverse Kohlsorten, Bohnen, Erbsen, Lattich, Mangold, Zwiebeln, Karotten, Kohlrabi, Broccoli, viele Salate wie Endivien und Zuckerhut. Auch historische Gemüse hat das Paar als kulinarische Bereicherung neu entdeckt: „Pastinake, Kohlrübe, Puffbohnen – all das sieht man nur noch selten".

Beide gärtnern überwiegend im Einklang mit dem Mond-Kalender. „Wir haben den Eindruck, das funktioniert auch gut", ist ihre Erfahrung. „Es ist ein guter Anhaltspunkt, was man wann tun sollte und was nicht". Es gibt spezielle Tage zum Pflanzen und Ernten von Blüten, Wurzeln, Blättern und Früchten. „Manche Tage haben einen Strich, wo man nichts machen sollte – das genießen wir dann auch sehr", freut sich die Gärtnerin. Warum lassen sich beide auf die Arbeit mit eigenem Gemüse ein? „Es schmeckt viel besser, einfach toll", kommt die blitzschnelle Antwort. „Und es ist eine Genugtuung zu sehen, wie alles wächst". Für sie ist der Garten Meditation, täglicher Urlaub und Ersatz fürs Fitness-Studio. „Deshalb bleiben wir im Sommer auch hier." Nur in die holländische Heimat ihres Mannes gibt es den jährlichen Abstecher. Von dort brachten sie die Idee des „Offenen Gartens" mit: „Wir lieben Gesellschaft und genießen den Austausch mit anderen Gartenfreunden", sagt Rita. Und es ist ein Anreiz, den Garten in Hochform zu bringen.

Arche Noah für alte Gemüse

Eine imposantes Schloss und ein Küchengarten voller Raritäten mit Versailles als Vorbild: Im grandiosen Garten von Schloss Wildegg vereinen sich barocke Eleganz und die Kultivierung alter Gemüse- und Obstsorten.

NON MINUS EST QUÆRERE QUAM
QUESTA PARTA TUERI

Kunstvoller Formschnitt und Gemüseklassiker vereinen sich mit Blumen zu einem großen barocken Stillleben. Das umwerfende Panorama lenkt beinahe vom Blick in die Beete ab. Kein Wunder, dass Betriebsleiter Erland Eichmann seinen Arbeitsplatz liebt und nicht nur Artischocken und Zwiebeln wie seine Augäpfel hütet.

„Nur wenn alte Kulturpflanzen neu geschätzt werden, haben sie eine Chance zum Überleben."

Die 'Grüne von Laon' ist eine besonders aparte Schönheit. Eine Artischocke wie aus dem berühmten „Album Vilmorin" gemalt: mit leicht pyramidenförmigem lila Blütenkopf prangt sie im Beet. Artischocken waren im Mittelmeerraum schon in der Antike bekannt und im 18. Jahrhundert beliebtes Luxusgemüse auf den Tafeln des europäischen Adels. Die bis heute bei Feinschmeckern begehrte Delikatesse, Inbegriff einer essbaren Blüte, gedeiht prächtig im Schaugarten von Schloss Wildegg.

Was soll man in diesem glanzvollen Garten Eden mehr bewundern? Die barocke Anlage mit den Spalierbäumen oder die Gemüse, Blumen und Obstsorten, die allesamt vor Schönheit und Vitalität nur so strotzen? Augenweide und Nutzen sind im Schau-Küchengarten von Schloss Wildegg fulminant vereint. Kein Wunder, war doch die vermögende Familie Effinger, die über Jahrhunderte das Schloss besaß, fasziniert von der Kultur Frankreichs. Der frankophile Bernhard Effinger besuchte den Hof von Versailles, „von dort brachte er die Kultur des ‚Potager du Roi', des königlichen Gemüsegartens, mit", erzählt Erland Eichmann, Betriebsleiter des Schaugartens Wildegg. Ab 1690 ließ Effinger den Garten nach französischem Vorbild umbauen: geometrisches Wegenetz und Buchshecken, vier rechteckige symmetrische Beete, mittig ein Kreis, Brunnen und Pavillons setzen schmückende Akzente. Der Garten versorgte die Bewohner mit Obst und Gemüse und diente als „Lustgarten" ergötzlicher Erholung. Barockes Lebensgefühl in der Aargauischen Provinz.

Links oben: Wer hätte es gewusst? Faser-Lein, auch als Flachs bekannt, wächst hier. Lein ist eine der ältesten Kulturpflanzen überhaupt und besticht mit winzigen hellblauen Blüten.

Links unten: Die Kaki ist eine Frucht, die früher eine exotischen Delikatesse war. In China ist die „Chinesische Pflaume“ seit über 2000 Jahren bekannt und durch ihren hohen Provitamin-A-Anteil eine Vitamin-Bombe.

Parade von Kräutern und Heilpflanzen: rechts der hohe Rainfarn, daneben Berg-Bohnenkraut, vorne links Zitronen-Bohnenkraut, im Hintergrund Damaszener Schwarzkümmel, besser bekannt als „Jungfer im Grünen“ (Nigella damascena) *mit den typisch bauchigen Samenkapseln. Die Blüten sind weiß, blau oder rosa und hauchzart.*

Auch heute ist es pure sinnliche Lust, im (seit 2011 dem Kanton Aargau gehörenden) Schlossgarten zu wandeln – und Raritäten zu entdecken. Denn hier kultiviert „ProSpecieRara" viele historische köstliche Gemüse und Obstsorten, Kräuter und Zierpflanzen, um sie vor dem Verschwinden zu retten. Die 1982 gegründete Stiftung sorgt dafür, dass uraltes, vor allem essbares lebendiges Kulturgut wieder ins Bewusstsein der Öffentlichkeit gebracht wird. Sie engagiert sich für die Erhaltung von 1000 Garten- und Ackerpflanzen, 400 Beerensorten – alleine 120 verschiedene Erdbeer-Sorten – 1800 Obstsorten, zahlreiche Zierpflanzensorten und 26 Nutztierrassen. „Nur wenn alte Kulturpflanzen von den Verbrauchern wieder neu geschätzt und genutzt werden, haben sie eine Überlebenschance", ermuntert Eichmann Besitzer von Gärten, Terrassen und Balkonen, „Vieles lässt sich auch im Kübel ziehen".

Gartendaten

SCHAU-KÜCHENGARTEN
LAGE: Schloss Wildegg Museum Aargau, Wildegg, Kanton Aargau, Schweiz
BESITZER: KANTON AARGAU
GRÖSSE: Küchengarten 3300 qm, Gesamtareal der Domäne 100 ha
PLANUNG: Grundstruktur Familie Effinger Ende des 17. Jahrhunderts, ab 1997 Bepflanzung der Beete durch die Stiftung „ProSpecieRara“.
BESONDERHEIT: Bewahrung von seltenen alten Gemüsesorten, Verkauf von Jungpflanzen auf Setzlingsmärkten.

Feinschmeckergemüse und Zierpflanzen-Rarität zugleich ist die Spargelerbse (Tetragonolobus purpureus). *Die Blüten leuchten purpurfarben, die bizarren Hülsen mit vier Längsrippen schmecken in sehr jungem Stadium nach Spargel.*

Die stachlige Schönheit ist eine Kardone (Cynara cardunculus) *und ist ein Geheimtipp für Bauerngärten. Sie ist, ähnlich wie die Artischocke, prachtvolle Staude und delikates Wintergemüse, verzehrt werden die gebleichten Blattstiele*

Eine mediterrane Oase zum Entspannen bietet die Terrasse vor dem Café. Zwischen Zitrusbäumchen und Schmucklilien (Agapanthus) *kann man vom Süden träumen.*

In 20 Sortengärten in der Schweiz kultiviert „ProSpecieRara“ die kostbaren Schätze. Der Nutz- und Lustgarten Schloss Wildegg wurde 1997 nach alten Plänen aus dem Schloss-Archiv in barocker Manier rekonstruiert und zählt zu den Schönsten. Er beherbergt 350 verschiedene Kulturen, jährlich wird Saatgut von 70 seltenen „ProSpecieRara“-Sorten geerntet. Die blühende, sprießende, duftende Arche Noah zieht im Sommer 50.000 Besucher an. Die zum Verzehr verlockenden Erzeugnisse sind jedoch – bis auf einen kleinen Teil – nicht essbar: „Wir sind ein Schaugarten und wollen Samen liefern“, erklärt Eichmann, das Wichtigste für den Erhalt der alten Sorten sei nun mal das Saatgut. Das wird in die Samen-Bibliothek der Baseler Zentrale geliefert.

Beim Gang durch „sein“ Paradies, das er seit 20 Jahren hütet, zeigt Eichmann auf Spezialitäten und Raritäten: „Zum Beispiel Federkohl 'Ostfriesische Palme', eine Spielart des Grünkohl, mit noch feiner gekrausten Blättern; von allen Kohlarten stellt er die geringsten Ansprüche und ist als einziger gegen die gefürchtete Kohlhernie widerstandsfähig“. Daneben konkurriert der bildschöne Palmkohl 'Nero di Toscana' mit langgestreckten dunkelgrünen Blättern um Aufmerksamkeit. „Hier, die Karotte 'Rotfleischige Chantonay', mit großer orangeroter Wurzel, sehr fein, saftig und süß im Geschmack“, schwärmt der Gärtner. Ein eigenes Beet ist alten Getreidesorten gewidmet: Proveiser-Gerste aus Südtirol, Zwergweizen aus den Alpen, der Rote Samt-Emmer mit seinen langen Grannen oder die Kolben-Hirse aus dem italienischen Verzascatal.

„Vielfalt statt Einfalt“ heißt die Devise in diesem Pflanzen-Reich. Viele Besucher fragen neugierig, wie man alte Gemüse zubereitet, „und Ältere erinnern sich aus ihrer Kindheit daran“. Damit dieses Wissen nicht verloren geht, gibt es Oasen wie Schloss Wildegg.

Leckerbissen im Barock-Rahmen

Klassischer Bauernhof und barocker Küchengarten müssen keine Gegensätze sein. Seit fünf Generationen hegt Familie Schweizer ihr in Buchsbaum gefasstes Schmuckstück, in dem Gemüse und Blumen eine stilvolle Liaison bilden.

Seit den französischen Anlagen des Barock spielt der Buchsbaum eine Hauptrolle im Garten, als elegante Einfassung von Beeten und für Formschnitt-Gewächse. Von den Gärten des Adels gelangte das immergrüne Gewächs in die Gärten der wohlhabenden Bauern. Irgendwann einmal kam ein Vorfahr der Familie Schweizer aus seinem abgeschiedenen Emmental und begab sich auf Reisen. Entflammte er beim Anblick eines Buchsbaum-Gartens oder fand er die Vorlage in einem Buch? Jedenfalls wurde vor über 100 Jahren ein perfektes barockes Miniatur-Versailles vor dem Bauernhaus ausgebreitet, in einem winzigen Weiler auf 700 Meter Höhe.

„Wahrscheinlich haben meine Großeltern ihn angelegt, denn ein Bruder meiner Großmutter pflanzte ähnliche Gärten in der Region", erzählt Fritz Schweizer. Mit seiner Frau Vreni bewirtschaftet er den Hof mit 16 Milchkühen (Swiss-Fleckvieh und Red Holstein), Land- und Fortwirtschaft, das schmucke Haus ist von 1777. Als das Paar in 4. Generation vor über 40 Jahren von Fritz' Eltern, die nebenan ins „Stöckli" zogen, den Garten übernahm, pflegte es das originelle grüne Erbe von Anfang an mit Liebe und Leidenschaft. Fritz kümmert sich seitdem darum, dass der Buchs akkurat in Form bleibt. Wie mit der Nagelschere manikürt wirkt die kunstvoll getrimmte Natur: „Einmal jährlich zwischen Mitte Mai und Juni schneide ich alles per Hand, bei bedecktem Himmel", verrät er.

Kein Bauerngarten ohne Küchenzwiebel, die fast täglich in der Küche als Basis für viele köstliche Gerichte verwendet wird. Damit sie gesund und knackig gedeiht, braucht sie Sonne und humusreichen Boden.

Gartendaten

BAROCKER BAUERNGARTEN
LAGE: Wynigen, Emmental, Schweiz
BESITZER: Fritz und Vreni Schweizer
GRÖSSE: Küchengarten 225 qm, dazu 17 ha Landwirtschaft, 10 ha Wald
BAUJAHR: vor über 100 Jahren
ENTWURF: vermutlich von den Großeltern
BESONDERHEIT: Führungen (auch mit Bewirtung) nach Anmeldung, im Stöckli ist ein eigenes Bauern-Museum zu besichtigen.

In vollendeter spiegelbildlicher Symmetrie erstreckt sich der formale barocke Garten vor dem imposanten alten Bauernhaus. Vier Quadrate und ein Kreis in der Mitte sind die klassische harmonische Form. Feiner Kies auf den Wegen und Blumen erhöhen die Eleganz dieses Bauerngartens.

Der äußere Zaun mildert den Übergang zu den sanften Hügeln des Emmentales.

Fritz und Vreni Schweizer blicken gelassen in die Zukunft: die 5. Generation wird Bauernhof und grünes Barock-Juwel irgendwann mit gleicher Liebe übernehmen.

Eine kulinarische Sinfonie in changierendem Grün mit Weiß- und Rotkohl und den zarten Stängeln von Dill. Leuchtend gelbe Tupfer setzen die Blüten von Zucchini.

In Vrenis Obhut sind Stauden, Sommerblumen und Gemüse. Eine typische Bauerngarten-Ernte und gepflanzt wird, was die Familie (die 5. Generation) am liebsten isst: Zwiebeln, Lauch, Blumenkohl, Kartoffeln, Kohlrabi, Sellerie, Zucchini, Buschbohnen, Fenchel, Lattich (Bindesalat, eine Schweizer Salatspezialität), Krautstiel (Mangold), Kabis (Weißkohl), Randen (Rote Bete), Tomaten und köstliche Erdbeeren. Das Wichtigste für die erfahrene Gärtnerin: „Fruchtfolgeplan und eine gute Erde!". Ohne sie gebe es auch keine gute Ernte.

Im Jahr 2001 wurde das grüne Juwel von der Zeitung „Schweizer Bauer" zum Schönsten Bauerngarten des Landes gekürt, „Ehre und Verpflichtung zugleich", schmunzeln beide. Seitdem kommen noch mehr Besucher auf den verwunschenen Weiler Mistelberg mit seinen sieben Höfen. Die Schweizers empfangen sie mit herzlichem „Grüezi".

Schauen Sie in den Gärten vorbei

SCHAU- UND VERSUCHSGARTEN BAMBERG, BAYERN Galgenfuhr 21, 96050 Bamberg, www.lwg.bayern.de. Die Anlage ist montags bis freitags kostenlos geöffnet. SEITE 118

GARTEN BAUER, THÜRINGEN
Hof Sickenberg 9, 37318 Asbach/Sickenberg, Tel. 036087-97696,
www.hof-sickenberg.de. SEITE 102

DUTTENHOFER'SCHES APFELGUT, BADEN-WÜRTTEMBERG Neunthausen 45, 72172 Sulz-Hopfau, Tel. 07454-969798, E-Mail: meuth@apfelgut.de, www.apfelgut.de.
Das „Gutslädle" ist Dienstag und Freitag von 10–12 Uhr geöffnet. SEITE 124

GARTEN ENING, NORDRHEIN-WESTFALEN
Goethestraße 2, 46354 Südlohn, Tel. 02862-7826, Führungen nach vorheriger Absprache. SEITE 80

GARTEN FLÖSS HOITINGA, SCHWEIZ
Vordergasse 7, 8335 Hittnau, Zürich. Gartenbesichtigungen im Rahmen „Offene Gärten Schweiz", www.offenergarten.ch. SEITE 162

GARTEN GAST, BAYERN Linsen 1, 87448 Waltenhofen, Tel. 08379-850. SEITE 140

HOTEL HAFERLAND, MECKLENBURG-VORPOMMERN Bauernreihe 5 a, 18375 Wieck a. Darß, Tel. 038233-680, E-Mail: info@hotelhaferland.de, www.hotelhaferland.de.
Gartenfachführungen für Gäste von Ende April bis Ende Oktober. SEITE 32

GARTEN KLOSTER ZUR HEILIGEN MARIA, HESSEN Nonnengasse 16, 36037 Fulda, Tel. 0661-9024531, www.abtei-fulda.de.
Geöffnet von Mitte Mai bis Ende September jeweils samstags von 14-16 Uhr, Führungen mit Schwester Christa Weinrich an diversen Samstagen. SEITE 96

GARTEN HOFFMANN, RESTAURANT MARGAUX, BERLIN www.margaux-berlin.de, keine Gartenbesichtigungen. SEITE 20

GARTEN SCHLOSS IPPENBURG, NIEDERSACHSEN 49152 Bad Essen, Tel. 05472-9776336 www.ippenburg.de. Geöffnet nur an Festivals und Veranstaltungen. SEITE 72

GARTEN KING, SYLT/NIEDERSACHSEN
Hotel Dorint Söl'ring Hof, Am Sandwall 1, 25980 Rantum, Tel. 04651-836200, www.soelring-hof.de. Keine Gartenbesichtigungen. SEITE 52

GARTEN KIRSCH-BROHMANN, NIEDERSACHSEN
26340 Zetel, p.brohmann@ewetel.net. Führungen nach Absprache. SEITE 64

GARTEN KLINGBERG/JÄCKEL, BERLIN-PANKOW
Kontakt für Führungen nach Absprache über info@strauma.com. SEITE 28

GARTEN LANG, BADEN-WÜRTTEMBERG
88364 Wolfegg, E-Mail: lang.wolfegg@freenet.de. Führungen nach Absprache, der Garten ist offen und kann jederzeit besichtigt werden. Auch Saatgut gibt es hier. SEITE 132

GARTEN PAASEN, NORDRHEIN-WESTFALEN
Kevelaerer Straße 101, 47608 Geldern-Walbeck, E-Mail: grenzlandgarten@web.de, www.grenzlandgarten.de.tl. SEITE 90

GARTEN REBHAN, ÖSTERREICH Hafnerstraße 8, 4673 Gaspoltshofen/Oberösterreich, Tel. 0043-7735-7649, E-Mail: rebhan.anna@aon.at. Besuche nach Vereinbarung. SEITE 144

GARTEN RIEDL, ÖSTERREICH Tobis 113, 8504 Preding/Steiermark, Tel. 0043-676-7362554, E-Mail: info@harmonypoint.at, www.harmonypoint.at. Besuche nach Vereinbarung. SEITE 156

GARTEN RIEGE, MECKLENBURG-VORPOMMERN
Dorfstraße 2, 19217 Demern-Woitendorf, Tel. 038873-20708, E-Mail: riege-woitendorf@web.de. Führungen nach Absprache. SEITE 44

GARTEN RULLE, NORDRHEIN-WESTFALEN
48301 Nottuln. SEITE 86

GARTEN SCHÖTTKE-PENKE, MECKLENBURG-VORPOMMERN Alte Dorfstraße 5, 19069 Drispeth, Tel. 03867-6508, E-Mail: info@sonntagsgruen.de, www.sonntagsgruen.de
Das Gartencafé ist von Anfang Mai bis Ende September sonntags ab 14 Uhr geöffnet, Gartenbesichtigungen im Rahmen von „Offene Gärten Mecklenburg-Vorpommern", www.offene-gaerten-mv.de. SEITE 40

GARTEN SCHWEIZER, MISTELBERG, SCHWEIZ
Mistelberg 124, 3472 Wynigen, Kanton Emmental, Tel. 0041-34415-1386, E-Mail: info@mistelberg.ch, www.mistelberg.ch. Besichtigungen nach Vereinbarung. SEITE 174

GARTEN KLOSTER SELIGENSTADT, HESSEN
63500 Seligenstadt, www.schloesser-hessen.de. Der Klostergarten ist ganzjährig bis Einbruch der Dunkelheit frei zugänglich. SEITE 110

GARTEN-SPA HOTEL DER STEIRERHOF, ÖSTERREICH Wagerberg 125, 8271 Bad Waltersdorf/Steiermark, Tel. 0043-3333-32110, www.dersteirerhof.at. SEITE 150

GARTEN VOIGT-LÜERS, NIEDERSACHSEN
Am Liener Deich 18, 26931 Elsfleth, Tel. 04404-960127, E-Mail: ilse-voigt-lueers@web.de, www.offene-gärten-elsfleth.de. SEITE 58

GARTEN SCHLOSS WILDEGG MUSEUM AARGAU, SCHWEIZ Effingerweg 5, 5103 Wildegg, Aargau, Infos: Tel. 0041-62887-1230, E-Mail: schlosswildegg@ag.ch, www.schlosswildegg.ch. Öffnungszeiten: 1. April bis 31. Oktober , Di. bis So. und allgemeine Feiertage 10 bis 17 Uhr. SEITE 166

Einkaufstipps für Saatgut und Pflanzen

Deutschland

Bingenheimer Saatgut AG 61209 Echzell, info@bingenheimersaatgut.de, www.bingenheimersaatgut.de

Bio-Saatgut 55288 Armsheim, ulla.grall@bio-saatgut.de, www.bio-saatgut.de

Dreschflegel e.V. 37202 Witzenhausen info@dreschflegel-saatgut.de, www.dreschflegel-saatgut.de

Magic Garden Seeds 93053 Regensburg, www.magisgardenseeds.de

Rühlemann's Kräuter & Duftpflanzen 27367 Horstedt, www.kraeuter-und-duft pflanzen.de

Sperling & Co. GmbH Neuer Weg 21, 06484 Quedlinburg, Tel. 033701-3389 890

Syringa Duftpflanzen & Kräuter 78277 Hilzingen-Binningen, www.syringa-pflanzen.de

VEN, Verein zur Erhaltung der Nutzpflanzenvielfalt e.V. 38162 Schandelah, ven.nutz@gmx.de; www.nutzpflanzenvielfalt.de

VERN, Verein zur Erhaltung und Rekultivierung von Nutzpflanzen in Brandenburg e.V. 16278 Greiffenberg, www.vern.de

Österreich

Arche Noah 3553 Schiltern, info@arche-noah.at, www.arche.noah.at

Reinsaat Emmelmann 3572 St. Leonhard am Hornerwald, www.reinsaat.co.at

Schweiz

Pro Specie Rara 5000 Aarau, www.prospecierara.ch

Samen Mauser AG 8404 Winterthur, www.samen-mauser.ch

Zollinger Samen 1894 Les Evouettes, info@zollinger-samen.ch, www.zollinger-samen.ch

Register

Bildquellen & Impressum

Bildquellen: Alle Fotos stammen von Ursel Borstell, ausgenommen die folgenden: Flora Press, The Garden Collection/Gary Rogers: Seite 15; Flora Press, The Garden Collection/Derek St. Romain: Seite 9; imago/imagebroker: Seite 13 unten; mauritius images: Seite 13 oben; Möhrle, Bigi: Seite 16, 17; Perdereau, Philippe: Seite 10

Die in diesem Buch enthaltenen Empfehlungen und Angaben sind von den Autorinnen mit größter Sorgfalt zusammengestellt und geprüft worden. Eine Garantie für die Richtigkeit der Angaben kann aber nicht gegeben werden. Autorinnen und Verlag übernehmen keinerlei Haftung für Schäden und Unfälle.

Bibliografische Information der Deutschen Nationalbibliothek
Die Deutsche Nationalbibliothek verzeichnet diese Publikation in der Deutschen Nationalbibliografie; detaillierte bibliografische Daten sind im Internet über http://dnb.d-nb.de abrufbar.

Wollgrasweg 41, 70599 Stuttgart (Hohenheim)
E-Mail: info@ulmer.de
Internet: www.ulmer.de
Lektorat: Doris Kowalzik
Umschlagentwurf, Innenlayout und Satz: red.sign, Stuttgart
Repro: Medienfabrik, Stuttgart
Druck und Bindung: Offizin Andersen Nexö, Leipzig
Printed in Germany

ISBN 978-3-8001-7839-1